中等职业教育物流专业系列教

U0587584

物流营销

WULIU YINGXIAO

◎ 主　编　王桂姣
◎ 副主编　陈　鼎　张琦可

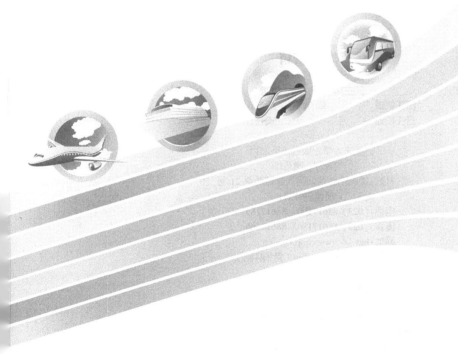

重庆大学出版社

内 容 提 要

本书为中等职业学校物流专业推荐教材。本书以物流企业营销活动的开展为出发点,结合物流企业的特点和营销的理论,建立正确的营销理念和开展物流营销业务。全书共分为五大任务,主要包括物流营销什么,物流企业如何营销,物流营销对象如何确定,物流企业如何去满足客户的需求,如何去规范物流营销活动等方面内容。

本书作为中等职业学校现代物流、电子商务、市场营销、旅游及文秘等相关专业教学用书,也可以作为物流企业相关岗位员工培训教材和自学用书。

图书在版编目(CIP)数据

物流营销/王桂姣主编.—重庆:重庆大学出版社,
2009.8(2021.12 重印)
(中等职业教育物流专业系列教材)
ISBN 978-7-5624-4955-3

Ⅰ.物… Ⅱ.王… Ⅲ.物资市场—市场营销学—专业学
校—教材 Ⅳ.F252.2

中国版本图书馆 CIP 数据核字(2009)第 138598 号

中等职业教育物流专业系列教材
物流营销
主 编 王桂姣
副主编 陈 鼎 张琦可
责任编辑:马 宁 覃 娟 版式设计:马 宁
责任校对:谢 芳 责任印制:张 策

*

重庆大学出版社出版发行
出版人:饶帮华
社址:重庆市沙坪坝区大学城西路21号
邮编:401331
电话:(023) 88617190 88617185(中小学)
传真:(023) 88617186 88617166
网址:http://www.cqup.com.cn
邮箱:fxk@ cqup.com.cn(营销中心)
全国新华书店经销
POD:重庆新生代彩印技术有限公司

*

开本:720mm×960mm 1/16 印张:12.5 字数:224千
2009 年 8 月第 1 版 2021 年 12 月第 3 次印刷
ISBN 978-7-5624-4955-3 定价:39.00元

编委会

总 序

　　中等职业学校物流专业教育在我国蓬勃发展已5年有余,各开办学校在贯彻教育部、劳动部及中国物流与采购联合会制订的《中等职业学校物流专业紧缺人才培养培训教学指导方案》过程中,不断采用新的职教方法,课程体系内容也更加接近企业用工实际,教育部中职教材出版基地——重庆大学出版社组织全国一批优秀的中等职业学校和企业界的专家共同编写了这套中职物流专业系列教材。

　　本套教材在培养目标与规格上与《中等职业学校物流专业紧缺人才培养培训教学指导方案》保持一致,力图紧紧围绕培养现代物流企业一线操作型人才为核心,以行动导向教育理念为指导,贴近物流企业工作实际,方便教师组织教学。

　　本套教材的编写思路是,突破传统学科体系,以物流企业岗位为主线,以任务引导展开各岗位的应知与应会,具体写作中将本专业公共素质类知识用综合课程涵盖,其内容兼容职业资格证的内容。而具体岗位类课程以实务为主,实务中突出具体任务要求及做法,同时每个任务后都布置了相应的实训内容用以巩固课堂所学。

　　本套教材每一分册均由若干任务构成,每个任务由以下模块构成:

教学要求：指明本任务所要达成教学目标。

学时建议：建议本任务采用的课型与课时,为教师整体规划本任务教学提供参考。

导 学 语：用图文并茂对话形式,引起学生对本任务的重视。

卷首案例：用生动有趣的案例故事,引入学习内容。

学 一 学：完成本任务所需要掌握的必备知识。

做 一 做：通过案例阅读与分析巩固必备知识,实训活动组织与实施则是检查学生技能掌握程度的途径。

任务回顾：小结本任务基本知识与技能。

名词速查：方便学生熟记最基本专业名词。

任务检测：通过单选、多选、判断及思考等题型的练习,巩固所学知识,自我检查任务完成情况。

参考答案：对任务检测中的习题给出参考答案,方便学生自测。

本套教材作者均由中等职业学校一线骨干教师组成,对职业教育新观点、新理念、新方法均有自己独到的见解,他们将自己宝贵的教学实践活动融入到一个个任务分析与解决方案上,他们的探索应该说还是一个创新,但相信也会有一些值得商榷和不完善的地方,希望各位同仁提出宝贵意见!

编委会

2009 年 7 月

前 言

当前,国际金融危机对我国实体经济造成了较大冲击,物流业作为重要的服务产业,也受到较为严重的影响。国家适时制定、实施《物流业调整和振兴规划》,不仅是促进物流业自身平稳较快发展和产业调整升级的需要,也是服务和支撑其他产业的调整与发展、扩大消费和吸收就业的需要,对于促进产业结构调整、转变经济发展方式和增强国民经济竞争力具有重要意义。

职业教育就是就业教育,物流专业教学紧紧围绕物流管理操作型人才培养目标,顺应中职学生就业的岗位——营销员、业务员、销售代表等,编写了这本《物流营销》。本书以培养中职学生建立基本的营销理念、学习一定的专业知识为目标;把岗位技能、专业技能所需要的服务理念的培养作为教学的主线;把能够胜任企业岗位要求作为教学工作的出发点和落脚点,实现职业教育到职场的"无缝衔接"。

本书旨在解决物流营销什么? 物流企业如何营销? 物流营销对象如何确定? 物流企业如何去满足客户的需求? 如何去规范物流营销活动? 通过这些基本问题的解决,达到相应职业岗位对营销意识的需要,完成走出学校就能很快适应职场对执业者的要求的目的。

本书在编写上大胆尝试,以任务的形式来组织编写,每章分为导学语、卷首案例、学一学、课堂案例分析、做一做、想一想、名词速查、任务检测等部分。融知识、技能、训练于一体,内容丰富,体例新颖,穿插小资料、小思考等,以便中职学生学练结合。全书共分5个任务,每个任务都有教学要求和学时建议,为授课教师提供了备课参考,为课堂教学提供了素材。

本书可以作为物流专业、电子商务专业、市场营销专业及其他相关专业职业学校的教材或参考用书。本教材建议课时为72学时,具体学时分配如下表。

序号	内　　容	学时	知识学习	案例学习	现场观察
1	任务1:物流营销什么	10	6	2	2
2	任务2:物流企业如何营销	14	8	4	2
3	任务3:物流营销对象如何确定	8	4	2	2
4	任务4:物流企业如何去满足客户的需求	28	14	8	6
5	任务5:如何去规范物流营销活动	10	6	2	2
6	机动	2	2		
	合计	72	38	20	14

本书由武汉市财政学校王桂姣任主编,柳州市交通学校陈鼎、贵州省物资学校张琦可任副主编。武汉市财政学校王桂姣、童学云编写任务1和任务2,贵州省物资学校张琦可、武汉东本储运有限公司向其昌编写任务3和任务5,柳州市交通学校陈鼎、黄慧玲编写任务4。王桂姣负责全书的总纂和定稿,武汉市财政学校郑彬担任主审。

物流营销是营销学中的一个分支,是营销学的具体化,没有既定的模式和体系。因此,要从物流企业的实际出发,从物流营销的内涵、特性和内容出发,创立一套较为科学、系统的体系绝非一日之功。由于时间仓促,加之作者水平有限,本书难免有疏漏之处,其中,有些问题还可能值得商榷,有待进一步完善,在此恳请各位专家与读者批评指正。

编　者
2009 年 5 月

目 录

任务 1
物流营销什么

教学要求

1. 陈述物流、物流企业和物流营销的含义；

2. 明确物流包含的基本业务；

3. 把握物流营销的原则；

4. 清楚物流营销的目的、地位和任务；

5. 感悟市场营销观念的演变过程；

6. 树立现代物流营销的观念。

学时建议

知识性学习 6 课时。

案例学习讨论 2 课时。

现场观察学习 2 课时（业余自主学习）。

【导学语】

谈到营销,你一定知道营销就是经营销售的简称。那物流营销什么? 它跟普通的商品营销是一回事吗?

商品营销就是将满足顾客需求的商品从生产者转移到消费者的一系列活动过程。

物流营销也是将满足客户需求的物流服务从提供者转移到消费者的一系列活动过程吗?

卷首案例

运用智慧商人娶富家儿媳

一位优秀的商人杰克,有一天告诉他的儿子——

杰克:我已经决定好了一个女孩子,我要你娶她。

儿子:我自己要娶的新娘我自己会决定。

杰克:但我说的这女孩可是比尔·盖茨的女儿喔。

儿子:哇! 那这样的话……

在一个聚会中,杰克走向比尔盖茨——

杰克:我来帮你女儿介绍个好丈夫。

比尔:我女儿还没想嫁人呢。

杰克:但我说的这年轻人可是世界银行的副总裁喔。

比尔:哇! 那这样的话……

接着,杰克去见世界银行的总裁——

杰克:我想介绍一位年轻人来当贵行的副总裁。

总裁:我们已经有很多位副总裁,够多了。

杰克:但我说的这年轻人可是比尔盖茨的女婿喔。

总裁:哇! 那这样的话……

最后,杰克的儿子娶了比尔盖茨的女儿,又当上世界银行的副总裁。

知道吗,生意通常都是这样谈成的。

如果你肯动动脑子,说不定你也会像巴菲特那样富裕。

看完这个故事,大家一定想法很多吧!的确,营销的成功就在于创意,只有想不到,没有做不到;思想有多远,你就能走多远。物流营销也需要这种创意吗?嗯!它会带给你乐趣和富裕。请跟我来,学完这门课你就会对物流营销的内容,物流营销给客户带来的便利及给自己带来的利益有一个全新的认识,能更有创意地去进行物流营销!

【学一学】

1.1　物流企业基本业务

1.1.1　物流与物流企业

一谈到物流营销,许多人都会想是把物流服务营销给客户,那物流服务包括哪些内容,物流企业的基本业务类型有哪些,如何针对不同的物流服务进行有效的营销,是好学的你急于想明白的问题。

1)物流

物流是"物"和"流"两个基本要素组成,物流中的"物"指一切可以进行物理性位移的物质。物流中的"物"涵盖范围如下:

①物资。泛指物质资料,多指工业生产资料,是社会物资的重要组成部分。

②物料。指在生产企业中除最终产品之外,在生产领域流转的一切材料。如燃料、原材料、半成品、边角料、废料等统称为物料。

③货物。交通运输领域专门概念。交通运输领域只经营"人"和"物"两种运输对象,除人之外统称为货物。

④商品。商品是指进入流通或消费领域中的物品。物流中的物有可能是商品,也有可能是非商品。

⑤物品。有形物的通称。物流中的"物"是物质资料世界中同时具备物质实体特点和可以进行物理性位移的那一部分物质。

物流中的"流"指物理性运动。这种运动也称之为"位移"。物流中"流"的基本形态主要有公路运输、铁路运输、水路运输、航空运输、管道运输等。

物流可以从狭义和广义两个方面理解。狭义的"物流"仅指作为商品的物质资料流动过程，主要指从生产地到消费地的过程，是流通领域范围。广义的"物流"不但指物质资料在流通领域流动过程，还包括物质资料在生产加工领域的流动过程。也就是物质资料转化成终端产品直至进入消费者手中的全过程。

中华人民共和国国家标准《物流术语》（修订版，GB/T 18354—2006）中对物流的界定是：物流（logistics）是指物品从供应地向接收地的实体流动过程。根据实际需要，将运输、储存、装卸、搬运、包装、流通加工、配送、信息处理等基本功能实施有机结合。显然这里对物流是从广义方面来解释的，这里的物品泛指物流中的所有"物"。例如，武汉东本储运有限公司主要为东风本田汽车有限公司提供零部件调达运输、厂内零部件配送、售后零部件运输及整车运输等全方位的物流服务。

从国家标准术语可知物流由物品的运输、仓储、包装、搬运装卸、流通加工、配送以及相关的物流信息等环节构成，物流活动的具体内容包括以下几个方面：用户服务、需求预测、订单处理、配送、存货控制、运输、仓库管理、工厂和仓库的布局与选址、搬运装卸、采购、包装、情报信息等。物流就是为了满足客户的需要，以最低的成本，通过运输、保管、配送等方式，实现原材料、半成品、成品及相关信息由产地到消费地所进行的计划、实施和管理的全过程。

【想一想】

你现在知道物流是干什么的了。你能举出一个生活中的实例来吗？你一定行的。

2）物流企业

中华人民共和国国家标准《物流术语》（修订版，GB/T 18354—2006）中对物流企业的界定是：物流企业（logistics enterprise）是指从事运输（含运输代理、货运快递）或仓储等业务，并能够按照客户物流需求对运输、储存、装卸、搬运、包装、流通加工、配送等进行组织和管理，具有与自身业务相适应的信息管理系统，实行独立核算、独立承担民事责任的经济组织。

可见，只要是负责物流活动的，实行独立核算、独立承担民事责任的经济组织都是物流企业。

1.1.2 物流企业的类型

物流企业总体范围界定为专门提供物流服务的企业，具有物流的专业特征。根据以物流服务某项功能为主要特征，同时向物流服务其他功能延伸的不同状况，又可划分为不同类型的物流企业。

1）运输型物流企业

以从事货物运输服务为主，包括小件包裹快递服务或代理运输服务，并包含其他物流服务活动，具备一定规模的实体企业。作为运输型物流企业有如下具体要求：

（1）主营业务活动

①企业的主要业务活动应以为客户提供门到门运输、门到站运输、站到门运输、站到站运输等一体化运输服务，以实现货物运输为主；

②根据客户需求，运输型物流企业可以提供物流功能一体化服务。

（2）设施设备要求

①企业应具备一定的办公场所，以及业务经营活动的场所；

②按照业务要求，企业应具备必要的运输设备；

③按照业务要求，企业应具备或租用必要的仓储设施、设备；

④企业应具备一定的网络信息传递设备，保证信息系统的正常运行。

（3）管理要求

①企业已建立一整套健全的管理机构和与之相适应的管理制度，并有效实施；

②企业应具备合理的人力资源管理与绩效考核制度并有效实施；

③培训制度健全，能够对员工在技术及职业道德等方面进行系统培训及考核。

（4）服务要求

①企业应配置专门的机构和人员，建立完备的客户服务体系，能及时、有效地提供客户服务；

②具备网络化信息服务功能，对所运货物可通过信息系统进行状态查询、监控。

2）仓储型物流企业

以从事区域性仓储服务为主，包含其他物流服务活动，具备一定规模的实体企业。作为仓储型物流企业有如下具体要求：

（1）主营业务活动

①企业应以为客户提供货物储存、保管、中转等仓储服务，以及为客户提供配送服务为主；

②企业应可以为客户提供其他仓储增值服务，如商品经销、流通加工等。

（2）设备设施要求

①企业应具备一定的办公场所，以及业务经营活动的场所；

②企业应具备一定规模仓储设施、设备；

③按照业务要求，企业应具备或租用必要的货运车辆；

④企业应具备一定的网络信息传递设备，保证信息系统的正常运行。

（3）管理要求

①企业已建立一整套健全的管理机构和与之相适应的管理制度，并有效实施；

②企业应具备合理的人力资源管理与绩效考核制度并有效实施；

③培训制度健全，能够对员工在技术及职业道德等方面进行系统培训及考核。

（4）服务要求

①企业应配置专门的机构和人员，建立完备的客户服务体系，能及时、有效地提供客户服务；

②具备网络化信息管理功能，应用信息系统可对货物信息进行状态查询、监控等各项信息处理。

3）综合服务型物流企业

从事多种物流服务活动，并可以根据客户的需求，提供物流一体化服务，具备一定规模的实体企业。作为综合服务型物流企业有如下具体要求：

（1）主营业务活动

①业务经营范围广泛，为客户可以提供运输、货运代理、仓储、配送等多种物流服务项目，并能够为客户提供契约性一体化物流服务；

②为客户制订整合物流资源的解决方案，提供物流咨询服务。

（2）设施设备要求

①企业应具备一定的办公场所，以及业务经营活动的场所；

②按照业务要求，企业应具备或租用必要的运输设备以及仓储设施及设备；

③企业应具备一定的网络信息传递设备，保证信息系统的正常运行；

④企业应具有跨区域性货物分拨网络。

（3）管理要求

①企业已建立一整套健全的管理机构和与之相适应的管理制度，并有效实施；

②企业应具备合理的人力资源管理与绩效考核制度并有效实施；

③培训制度健全，能够对员工在技术及职业道德等方面进行系统培训及考核。

（4）服务要求

①企业应配置专门的机构和人员,建立完备的客户服务体系,能及时、有效地提供客户服务;

②具备网络化信息服务功能,应用信息系统对物流服务整个过程的信息进行状态查询和有效监控等。

【想一想】

请你现在举出所在地的各种类型物流企业的代表吧。可以上网去查询哦!

1.1.3　物流基本业务

1)物流仓储业务

仓储是指利用仓库及相关设施设备进行物品的入库、存储、出库的活动。它是物流系统的一个子系统,在物流系统中起着缓冲、调节和平衡的作用。仓储和运输长期以来被看作物流系统活动的两大支柱。仓储的目的是克服物品生产与消费在时间上的差异,使物品产生时间效果,实现其使用价值。物品从生产领域进入消费领域之前,往往要在流通领域停留一定时间,通过仓储,可使物品在最有效的时间段发挥作用,创造物品的"时间价值"和"使用价值"。利用仓储这种"蓄水池"和"调节阀"的作用,还能调节生产和消费的失衡,消除过剩生产和消费不足的矛盾。

2)运输业务

运输是指用专用运输设备将物品从一地点向另一地点运送。其中包括集货、分配、搬运、中转、装入、卸下、分散等一系列操作。

运输是物流最基本的业务活动之一。随着现代物流的产生与发展,运输业也日益完善并发挥更重要的作用。作为物流工作的重要环节,运输在物流企业中有着十分重要的地位。运输具体包括以下工作环节:

（1）货物发运

货物发运是指发货单位按照与运输单位的合同要求,通过一定运输方式,将货物从发运地运达目的地的具体业务。

（2）货物接运

货物接运是指货物从发运地运到收货地后,收货单位同承运部门办理的物品点验接收工作。

（3）货物中转

货物中转是指货物从发运地到收货地的运输过程中，由于受购销数量、自然地理位置和交通线路的影响，必须经过运输工具换装才能达到目的地的运输作业。

3）装卸搬运业务

装卸是指物品在指定地点以人力或机械实施垂直位移的作业。搬运是指在同一场所内，对物品进行水平移动为主的作业。无论何种类型的物流，只要形成完整的物流过程，都离不开装卸搬运业务。据统计，在一次物品搬运作业中，装和卸的次数是移动次数的两倍。在运输的全过程中（包括运输前后的装卸搬运），装卸搬运所占的时间为全部运输时间的50%。正是装卸搬运活动把物流运动的各个环节连接起来，成为连续的流动过程，而它本身又作为一项独立的作业而单独存在于物流系统中。

装卸搬运由于作业对象复杂、劳动强度大、花费的时间也多，对安全性要求高，是伴生性的物流活动，对物流整体起着保障和服务的作用。因此在物流作业过程中，特别注意避免不合理的装卸，必需的装卸也尽可能实现机械化、自动化。科学、合理地组织装卸搬运系统，可以减少作业环节，优化工艺线路，达到与先进的技术装备配套。通过装卸搬运机械化、自动化的实施，既可降低装卸搬运成本、节约费用，又可降低工人作业强度、保证装卸搬运质量。

4）配送与流通加工业务

（1）配送业务

配送是指在经济合理区域范围内，根据客户要求，对物品进行拣选、加工、包装、分割、组配等作业，并按时送达指定地点的物流活动。配送有许多种类和形式，可以从以下3个角度加以分类：

①按配送的数量和时间不同分为定量配送、定时配送、定时定量配送、定时定量定点配送和即时配送。

②按配送的品种和数量分为少品种大批量配送、多品种少批量配送和成套配套配送。

③按配送的组织形式分为分散配送、集中配送和共同配送。

（2）流通加工业务

流通加工是指物品在从生产地到使用地的过程中，根据需要施加包装、分割、计量、分拣、刷标志、拴标签、组装等作业的总称。

流通加工作为流通中的一种特殊形式，它与一般的生产加工在加工方法、加工

组织、生产管理方面并无显著差别,但在加工对象和加工程度方面差别较大,主要表现在以下几个方面:

①加工对象的区别。流通加工的对象是进入流通过程的商品,具有商品的属性;而生产加工对象不是最终产品,是原材料、零配件、半成品。

②加工程度的区别。流通加工程度大多是简单加工,而不是复杂加工,一般来讲,如果必须进行复杂加工才能形成人们所需的商品,那么,这种复杂加工应专设生产加工过程,生产过程理应完成大部分加工活动,流通加工对生产加工则是一种辅助及补充。特别需要指出的是,流通加工绝不是对生产加工的取消或代替。

③加工附加值的区别。从价值观点看,生产加工目的在于创造价值及使用价值,而流通加工则在于完善其使用价值并在不作大改变的情况下提高价值。

④加工责任人的区别。流通加工的组织者是从事流通工作的人员,能密切结合流通的需要进行这种加工活动;从加工单位来看,流通加工由商业或物资流通企业完成,而生产加工则由生产企业完成。

⑤加工目的的区别。商品生产是为交换和消费而生产的,流通加工不仅仅是为了消费(或再生产)所进行的加工,也是以自身流通为目的,为流通创造条件的加工。

5)物流营销业务

物流营销是指物流企业以物流市场需求为核心,通过采取整体物流营销行为,以提供物流产品和服务来满足客户的需要和欲望,从而实现物流企业目标的过程。

物流营销与产品营销有着很大的差别。物流营销的一个最重要特点就是物流企业所提供的物流服务的质量水平并不完全是由企业所决定,而同客户的感受有很大的关系。即使被企业认为是符合高标准的质量,也可能不为客户所喜爱和接受。另外,物流营销是一个差别化程度很大的市场,物流企业在进行营销工作时,已经根据目标客户企业的特点为其量身定制,制订了一套高效合理的物流方案。

物流营销的主要内容包括:

①物流环境分析与物流市场调研;

②物流市场细分、目标市场选择和定位;

③市场营销组合;

④物流营销信息管理;

⑤物流客户服务和关系管理。

物流市场营销的过程首先是了解客户的潜在需求,其次是分析市场竞争环境,再在此基础上进行市场细分,提供物流组合服务,最后是建立相对稳定的客户群。

1.2 什么是物流营销

物流企业是一种服务企业,它向客户提供的主要是服务,而服务的好坏不像产品那样方便展示,它需要物流企业从多方面加强宣传,以赢得客户的信赖。因此,物流企业良好的物流营销策略可以使物流企业获得长期的、稳定的客户,增强物流企业的市场竞争力。那什么是物流营销呢?

1.2.1 物流营销的含义

物流营销是指物流企业以物流市场需求为核心,通过采取整体物流营销行为,以提供物流产品和服务来满足客户的需要和欲望,从而实现物流企业目标的过程。

物流营销是贯穿于物流业务中的主要核心业务,涉及企业经营活动的全过程以及企业的各个方面。物流企业只有不断创新营销理念和优化营销活动,以客户为核心,以物流资源链为服务手段,以市场占有率和建立客户忠诚度为导向,开展针对性的营销策略,注重客户的维护与开发,实现客户的系列化、个性化物流服务,注重客户关系的维护,提高物流服务质量,根据客户的行为来预测客户的物流需求,并为其设计物流服务,建立长期的、双赢的客户关系。良好的营销策略可以使物流企业获得长期的、稳定的客户,增强物流企业的市场竞争力。

1.2.2 物流营销的原则

物流企业要扩大自身的影响力和知名度,就必须进行有效的物流营销。那如何营销? 即在物流营销时要遵循哪些原则,就成为营销人员首选的功课。

1)注重规模,讲究整体效益

现代物流企业的效益离不开规模化,规模化运作是降低物流成本,提高物流效率的有效途径,也是提供定制物流服务的前提。整体效益与规模大小有关,没有一定的规模无法产生出足够的整体效益。一个很显然的例子,沃尔玛的供应链与联华超市的供应链显然不同。以沃尔玛为核心的供应链系统要比联华超市的规模大得多,也复杂得多。

2)注重合作,讲究合作优势

现代物流的最终目标就是使制造企业的物流彻底地从企业核心业务中分离出来,使生产企业能够集中资金、人力和物力投入其核心制造领域。把原来企业内部的运输、仓储等物流业务交给专业化的物流公司,是社会产业分工越来越细的发展规律的体现。另一方面,现代物流要求在更大范围内进行资源的合理配置,单个物流企业本身并不一定必须拥有完成物流业务的所有功能。物流企业在做好自身的核心物流业务同时可将其他业务外包,把原来企业内部的运输、仓储等物流业务交给专业化的物流公司。因此,他们必须与其他物流企业实行友好合作。企业选择一个很好的物流伙伴不仅能实现内部资源的最佳整合和最大限度的利用,开辟新的利润增长点,还可以在市场开拓、信息处理、财务咨询和战略决策上增加一枚重重的砝码。

3)注重回报,讲究企业共赢

物流企业在进行营销活动时,既要满足客户的物流需求,为客户提供价值,又要能为自身带来短期或长期的利润的能力。实现企业与客户的双赢。一方面,追求回报是物流企业生存和发展的物质条件;另一方面,物流企业在营销活动中也要回报客户,要满足客户的物流需求,为客户提供增值服务,回报是维护市场关系的必要条件。

1.2.3 课堂案例分析

雅芳剥离物流 实现规模效益

雅芳中国成功入选2008"中国TOP100最佳雇主"榜单,成为直销行业唯一入选的全球知名化妆品企业。6年前,雅芳若没有把物流剥离出来交给第三方物流企业去做,哪能在供应链的整合上实现如此的规模效益?

雅芳为了发挥自身的产品研发、生产和销售优势,花费了近8个月时间对第三方物流企业进行严格的筛选,最终为"直达配送"项目提供物流服务的第三方物流企业有:中国邮政物流、大通国际运输有限公司、共速达和心盟物流运输等4家。

首先,实行直达配送后,经销商的流失率从20%降到了10%,而且这种流失更多的是受房屋租期等非经销商因素的影响。"直达配送"使雅芳经销商的小本生意轻松方便了许多,并有效提升了经销商的忠诚度和雅芳品牌的美誉度。

第二个好处是,雅芳降低了租金和人员成本。以前每个分公司需要几百平方米的仓库,现在实现了零库存;以前75个分公司共有600个员工负责收费、仓库、管理、打单等营运工作,现在分公司只专注于市场开发和销售业务,营运工作由8个区域服务中心负责,员工数量锐减至192个人。短短一年间,雅芳的产品销售量平均提高了45%,北京地区高达70%。

此外,雅芳的库存管理也取得了显著的效益。产品的仓储和调拨从75个分公司集中到8个区域服务中心,在订单满足率有效提升的同时,库存水平持续下降。

至此,雅芳的营运成本从8%降低到了6%,借力第三方物流企业为雅芳提供了第二个利润来源。而对广大的第三方物流企业来说,企业直营的销售末端也将为他们提供广阔的生存空间。

[案例思考]

雅芳主动将非核心业务外包,"肥水也流外人田"培植第三方物流企业,给物流企业的发展带来广阔的生存空间,你如果是第三方物流企业的营销人员,如何去针对雅芳的第三方物流需求进行营销?

[提示]

如果我是第三方物流企业的营销人员,我会从以下3个方面来营销:一是重点营销企业在第三方物流配送方面的经验,正在或已经为哪些知名的企业做过配送服务;二是强调自己对雅芳"直达配送"物流的理解,方便经销商销售之需;三是与雅芳成为战略合作伙伴,以适应雅芳公司对物流配送的要求。

1.2.4 物流营销的基本特征和主要特点

1)物流营销的基本特征

与有形产品营销相比,物流服务营销具有如下特征:

(1)无形性

由于物流服务是无形的,顾客很难感知和判断其质量和效果,即使是相同的服务质量,由于客户的感知不同会作出不同的满意评价。因此,物流企业的营销人员要通过营销企业做过的服务项目,企业所拥有的服务设施和环境等反映服务能力的"信号"让客户感受物流企业的服务。

(2)不可分割性

有形的工业品或消费品在从生产、流通到最终消费的过程中,往往要经过一系列的中间环节,生产和消费过程具有一定的时间间隔。而服务则与之不同,它具有不可分离性的特点,即服务的生产过程与消费过程同时进行,也就是说服务人员向顾客提供服务时,也正是顾客消费服务的时刻,二者在时间上不可分离。服务的这一特性表明,顾客只有而且必须加入到服务的生产过程才能最终消费到服务。例如,只有在客户的物品交给物流企业运输时,才能完成物品移动的服务过程。

(3)不可储存性

产品是有形的,因而可以储存,而且有较长的使用寿命;服务则无法储存。运输、仓储、理发、外科手术、酒店住宿、旅游、现场文艺晚会以及其他任何服务,都无法在某一年生产并储存,然后在下一年进行销售或消费。

（4）缺乏所有权

缺乏所有权是指在服务的生产和消费过程中不涉及任何东西的所有权转移。既然服务是无形的又不可储存,服务产品在交易完成后便消失了,客户并没有实质性地拥有服务产品。以仓储服务为例,通过物流公司提供的仓储空间,客户将手里的物暂时储存在仓库里,物的存放地点改变了,但这并没有引起物的所有权发生转移,只不过是"借"给物流公司一段时间而已,在这期间,物流公司负责对物的保管,以求质量和数量的完好无损,并未实质拥有该批物品的所有权。缺乏所有权会使客户在购买服务时感受到较大的风险。如何克服此种消费心理,促进服务销售,是营销人员所要面对的一个严峻挑战。

2）物流营销的主要特点

在市场经济条件下,物流企业是一种具有独特的服务性的经济组织,它通过为客户提供物流服务而实现自己的价值,与一般的工商企业市场营销相比,物流营销具有以下几个主要特点:

（1）物流营销的是服务产品

物流企业为客户提供的产品是使物品在时间、空间的位置移动和形状性质变动,通过物品和信息的流动过程,实现物流价值最大化,因而它提供的不是日用品、食品、纺织品等有形的产品,而是一种特殊的服务产品。它的无形性使得客户难以触摸并予以评判,物流供应商和客户之间相互作用的重点也从直接的交易转向关系的协调。通过对中国物流企业的分析,中国物流的收益85%来自基础服务,增值服务和物流信息服务与支持物流的财务服务收益占15%。

（2）物流服务的质量由客户的感受决定

由于物流企业提供的是服务产品,它的质量的优劣不能由企业来决定,而是由客户接受服务的感受来决定。

（3）物流营销的对象广泛

物流活动的全球化使物流变得更加复杂,生产企业为了将资源集中在自己的核心业务上,往往将其他非核心业务外包。目前外包物流已成为国际潮流,一些政府、非盈利组织等也日益成为物流企业的服务对象,这些急剧上升的物流外包为物流企业提供了广阔的市场和服务对象,物流服务的对象涉及到各行各业,客户非常广泛。据中国物流与采购联合会透露,2008年中国全社会物流总额达到88.8万亿,增长18.1%,预计2009年全社会物流总额将达100万亿,增幅不会低于13%,第三方物流营业额成倍增长。

（4）物流服务市场差异程度大

由于物流服务对象广泛，物流业务的拓宽和扩展，物流市场日渐活跃，客户个性化的需求越来越高，从而导致了物流市场服务的差异性也越来越大。物流企业面对这个个性很强的市场，就必须根据目标市场客户企业的特点为其量身定制一套高效合理的物流方案。据调查显示：我国 60% 的商业企业的经营品种集中在 1 万～10 万种，另有 3% 的零售企业的物品品种超过 10 万种。经营产品多样化，意味着物流需求呈小型化、多样化特点，这些分散化的物流需求就会要求物流企业提供个性化的服务。

（5）物流企业营销服务的能力强

随着物流市场的个性化需求越来越突出，要求物流企业必须具有强大的营销服务能力与之相适应。一个成功的物流企业，必须具备较大的运营规模，建立有效的地区覆盖面，具有强大的指挥和控制中心，兼备高水平的综合技术、财务资源和营销策略。

1.3 物流营销的目的、地位和任务

1.3.1 物流营销的目的

市场营销就是以满足人类各种需要和欲望为目的，通过市场变潜在交换为现实的交换活动。很明显需要和欲望是营销的出发点，提供需要的企业在需要的基础上进行生产活动或策划活动。我们明白了市场营销的目的，那物流和它到底有什么关系呢？我们都有这样的经验，到超市买东西，商品总是很及时的运到，缺少的商品又会很快地补充上。这就是物流所发挥出来的效用。那么我们可以说物流其实就是营销的一个环节，这个环节却是很重要的一环，它直接影响到了客户的利益，是市场营销所不可或缺的一个环节。

而我们在这里所讲的物流营销，是作为物流企业来讲的。

物流营销的目的是通过综合性的活动手段，了解、掌握客户需求，并向客户介绍能够满足客户需要的物流服务，使客户了解、认识并接受物流企业及相应的物流服务。具体可表现在以下 3 个方面：

①通过物流营销活动，使客户了解物流企业的服务项目，增强与客户的信息和业务联系，增强客户对物流企业的信任感，以获得提供物流服务项目的机会。

②通过物流营销活动，促进客户企业了解和接受企业创造的新形式、新内容的物流服务项目，使物流企业与客户共享物流服务所创造的价值。

③通过物流营销活动，扩大物流企业在物流市场的份额，增强物流企业的知名

度、企业声誉和物流服务品牌,提高物流企业在市场上的竞争地位。

1.3.2　物流营销活动在物流企业的地位

企业经营的根本就是追求利润,物流企业也不例外。物流企业能否通过获得足够的物流服务业务量,就成了物流企业生存和发展的重大问题。

从目前物流企业发展的情况看:一些由传统运输、仓储、货代企业转型的物流企业,依托原有的业务基础和客户,发展得很快,如由中国远洋运输公司发展起来的中国远洋物流公司。一些新成立的物流企业,其物流业务是背靠母公司产品业务量支持的自营物流经营组织,其发展也很快,如海尔物流。一些具有稳定客户物流业务的第三方物流企业也能很快发展,如宝供物流。不管哪种形式发展起来的物流企业,均需要客户反复购买、使用物流服务,才会给物流企业生存和发展的机会。因此,物流企业必须认识、维持和发展客户群体,通过营销活动获得、扩大市场份额,提升物流市场竞争力。鉴于物流活动是跨行业、跨部门、跨区域运作的业务,又是涉及规划、监控的管理过程,所以物流营销和管理是物流企业重要的经营问题,也是一个新的课题,物流营销业绩直接关系到物流企业如何获得客户业务,如何与客户建立、维持长期合作关系,因此物流营销工作一直为物流企业的中高层管理者所关注。

对于物流企业而言,物流营销涉及战略问题,又涉及战术问题。战略性营销直接受到高层管理者关注,战术性营销受到中层和运作层管理者关注。

1.3.3　物流企业的营销任务

物流企业的营销任务主要是:了解物流客户需求,进行物流市场研究,对物流市场进行细分;根据物流企业资源优势、劣势进行分析并发现企业生存和发展的机会及存在的风险;准确进行物流定位;精心设计能够满足客户需求的物流项目,提升物流在物流项目策划方面的实力;通过大市场营销等方式开发新市场、宣传物流企业、宣传物流服务;通过公共关系等手段,提升物流企业在公众中的形象等。

物流企业通过营销活动要获取、扩大物流业务,维持和巩固物流市场占有率。市场占有率是指企业所面临的现有市场上可以集中营销资源去争取的市场份额,并力求保持住的客户群体。要了解其他企业不做的,本企业可以做的业务;其他企业没有的,本企业可以有的业务;其他企业做不到的,本企业可以做得到的业务。

1.4 营销观念

1.4.1 营销观念的演变过程

营销观念是企业制定经营决策,开展市场营销活动的根本指导思想。一种营销观念的形成不是人们凭主观臆造出来的,而是一个复杂的社会过程,它是经济发展的产物,也在一定程度上反映了经济发展规律的客观要求。从国外市场营销的发展历史来看,营销观念的演变大致经历了以下几个阶段:

1)以企业为中心的营销观念

以企业为中心的营销观念,是指以企业利益为根本取向和最高目标来处理营销问题的观念,它包括:

（1）生产观念

生产观念是以生产为中心,以产定销,认为"企业能生产什么,就销售什么"。在生产观念阶段,企业的产品供不应求,是典型的"卖方市场",企业只要能生产出具有一定使用价值的产品,就不愁卖不出去,因而企业经营的中心问题是怎样提高劳动生产率,降低产品成本,争取多获得利润,即企业是以产量来满足社会需要。由于整个市场供不应求,因此产品销路不成问题,企业也不必考虑市场需求问题。但这种观念指导下,消费者的需求是被动得到满足,并没有选择余地的。持这种生产观念的典型代表就是福特汽车公司的创始人亨利·福特,当时福特公司生产的"T型车"供不应求,老福特便采用流水生产线,使得产品的产量迅速提高,来满足市场对该车的需求。

生产观念是生产力发展水平不高的产物。随着社会生产力的发展,市场得到了快速发展,市场的供求形势发生了很大变化,人们的消费需求由单一化转向多样化。但亨利·福特仍傲慢地宣称:"不管顾客需要什么颜色的汽车,我只有一种黑色"。结果"T型车"销量锐减,被通用汽车推出的新式样和颜色的雪佛兰汽车赶超,福特由当时的汽车第一大生产商退居到通用汽车公司之后,至今也没有翻过身来,可见,观念的落后是最大的落后。

（2）产品观念

产品观念是以质量为中心,认为"企业生产什么,顾客就喜欢什么,就卖什么"。有严重的自恋倾向,"酒香不怕巷子深"是对产品观念的生动写照。在产品观念阶段,市场已开始由卖方向买方市场转变,人民生活水平已有改善,消费者已不再仅仅满足于产品的基本功能,而开始追求产品在功能、质量和特点等方面的差异性。

坚持产品观念的人往往以为,消费者喜欢高质量、多功能和有特色的产品,只要提供质优有特色的产品,消费者就会购买。所以企业应致力于提高产品质量,只要产品质量高于同类产品,就不会没有市场。以这种观念作为经营思想的企业只迷恋自己的产品,并不断改进产品质量,而不去研究如何使自己的产品适应不断变化的市场形势,以便更好地满足消费者的需要和愿望。其结果由于长期"故步自封"、"孤芳自赏",患上了"营销近视病",从而制约了自身的发展。例如,美国的铁路运输业曾盛极一时,但由于铁路公司仅看到自己所从事的是"铁路运输",忽视了顾客所需要的是"运输服务"这一实质差异,将自己的经营业务局限于铁路运输这一特定的运输形式上,过分注意争夺在铁路运输上的优势,没有考虑顾客需求的变化,而当运输市场情况发生变化,汽车、卡车、大型货车、飞机、管道等运输形式发展起来后,铁路公司就只有"望其兴叹"了。

生产观念和产品观念都属于以生产为中心的经营思想,其区别在于:前者注重以量取胜,而后者注重以质取胜,二者都没有将市场需求放在首位。

(3)推销观念

推销观念认为:"推销什么,顾客就买什么"或"企业卖什么,就让顾客买什么",即向消费者施行一定的推销术或推销策略。从实质上看,推销观念仍是建立在"企业生产什么就卖什么"的基础上的,与"生产观念"、"产品观念"一样同属"以产定销"的范畴。

推销观念产生于20世纪30年代初世界性的经济危机后,由于各资本主义企业大幅度提高劳动生产率而经济又不景气,使得整个市场出现生产过剩、供过于求的局面。在这种形势下,各企业所担心的就不是如何生产而是如何销售的问题。于是企业开始致力于推销的研究,加强推销机构,增加和培训推销人员,研究和采用新的推销技术等方法来努力推销产品。

推销观念与生产观念、产品观念相比,有了很大的进步,企业开始注重宣传,把重点放在销售环节,认为只有经过强有力的推销、刺激、诱导,才能使消费者产生购买行为。在一定的市场条件下,运用推销观念,通过大量的广告宣传和推销活动,确实能起到刺激购买的作用,但仍不注重市场调研和了解顾客真正的需求,仍是一种传统的以产定销的模式。

2)以消费者为中心的营销观念

以消费者为中心的营销观念又称市场营销观念。它是以消费者的需求为中心,认为"顾客需要什么,就提供什么,就卖什么"。市场营销观念是一种以顾客的需要和欲望为导向的经营观念。

随着生产的迅猛发展和社会的不断进步,产品的品种更加多样化,消费需求也呈献出复杂化、多样化的趋势。在这种以买方市场为主体的市场形势下,营销观念由以生产为导向转变为以满足顾客需要为导向的市场营销观念。强调企业应当注重选择目标市场,发现目标市场中顾客的内在需要,并能运用整体营销手段在满足顾客需要的同时使企业盈利。因此,目标市场、顾客需要、整体营销以及盈利是市场营销观念的四大支柱。像"用户至上"、"顾客就是上帝"等广告用语,就真实反映了市场营销观念,堪称是企业经营思想上的一次革命。

3)以社会长远利益为中心的营销观念

以社会长远利益为中心的营销观念又称社会营销观念,它认为企业的运营活动不仅要以消费者的需求为中心,兼顾企业自身利益,而且要符合社会利益、生态环境,适应经济、社会、生态环境协调发展的要求。社会营销观念不是对市场营销观念的取代,更不是否定,而是发展。与市场营销观念相比较,社会营销观念的特点是:在坚持以消费者的需求为中心的同时,兼顾消费者当前利益与长远利益的统一;在考虑社会公众利益的前提下尽力满足消费者的需求。社会营销观念符合经营者目前所面临的内部和外部环境,它不仅包含市场营销观念的积极因素,而且关注企业的活动和产品对顾客的长期影响,考虑企业活动对经济、社会、生态环境的整体作用。

企业强调社会营销观念,就是要求物流企业注重生态环境的保护,重视社会效益。实施绿色物流,进行绿色设计、绿色生产、绿色宣传,避免在企业开发和发展过程中引起的资源性破坏和垃圾污染、空气污染、社会环境等综合性的问题,促进国家的经济、社会、生态环境的和谐发展。

1.4.2 现代物流营销观念

物流营销观念是指物流企业在一定时期、一定生产经营技术和一定的市场营销环境下进行全部营销活动,正确处理企业、顾客和社会3方面利益的指导思想和行为的根本准则。与传统的物流营销观念比较,现代物流营销更强调客户满意、客户服务、客户关系至上和绿色物流等观念。

1)客户满意

现代物流市场营销的观念主张要识别客户的具体需求,然后把资源集中起来去满足客户的需要,当企业所有的活动都致力于满足客户期望时,企业就会获得成功。

物流营销的是无形的服务产品,它不能进行展示、也不能储存却可以感知,但它可以用顾客满意为评判的标准。

一个成功的物流企业,首要的任务就是"创造客户"。物流营销的任务一直强调发现客户需求,刺激客户需求,发掘潜在客户。20世纪90年代以后,物流企业营销管理开始突出强调客户满意度,通过满意的客户去宣传企业的形象,并成为企业忠诚的客户。

小资料

根据调查,一个对你满意的客户会将其满意传递给6个人,而一个对你不满意的客户会将其不满意传递给12个人,营销学上称之为扩散定理。

客户满意是营销的关键。如何做到客户满意呢?

①"做到的比承诺的多一点",让客户感受到额外的惊喜和收获。

著名的迪斯尼乐园在娱乐设施方面非常受人称道,它在客户满意度创造和控制方面也非常独到。无论节假日,迪斯尼往往都会人满为患,排队就成了一个大的问题。迪斯尼为此设计了一个电子等候牌,放置在通道口,上面显示了如果你从此开始排队,大约还需要多少时间。这项设施可以方便那些顾客自由选择等候时间相对较少的项目,同时可以减少排队人员的心理焦躁感。但奥秘还不仅止于此,当终于轮到你的时候,你会惊喜地发现,你实际排队的时间比电子等候牌提示要少了十分钟左右。其实,这是迪斯尼的一个巧妙的设计。目的就在"做到的比承诺的多一点",让客户感受到额外的惊喜和收获。

②按物流公司的实际能力,有效地控制客户对服务的期望值。

服务质量是客户对服务过程的一种"感知",也就是说它是一种"主观意识"。它是指企业"当前"所提供产品(或服务)的最终表现与客户"当前"对它的期望、要求相比,吻合程度如何。如果客户对物流企业提供的服务(感知)与他对物流企业服务期望接近,他的满意程度就会较高,因此他对物流企业的服务质量评价就高,反之,如果他对物流企业感受到的服务与他的期望如果差距较大,他就会产生不满,从而对物流企业的评价很差。用一个简单的公式说明就是:

$$服务质量(差距) = 期望 - 结果$$

这个公式告诉我们服务质量的好坏与两个要素有关:一是客户的"期望";二是客户感知的"结果",而这种"结果"的感知来源于客户对"服务过程"的体验。

2)物流客户服务观念

物流企业的客户服务是创造竞争优势的决定因素之一。随着科学技术的进步和经济的不断发展以及中国加入 WTO 作出的开放服务业的承诺,物流企业正面临着巨大的竞争压力,许多企业都把物流客户服务作为企业提升竞争力的关键环节来抓,实行服务为先的客户管理创新观念。

中华人民共和国国家标准《物流术语》(修订版),GB/T 18354—2006 中对物流客户服务的界定是:物流客户服务是指工商企业为支持其核心产品销售而向客户提供的物流服务。持有物流客户服务观念的物流企业通常都有专门的客户服务机构,负责客户订单处理、技术培训、服务咨询、处理客户投诉等。并且对所提供的客户服务有一整套业绩评价指标,如客户投诉率、客户投诉处理时间、回单返回及时率等。

（1）动态的服务观念

物流服务并不是一成不变的,它必须根据物流营销创意的变化而变化。这些创意从各方面都体现出如何为客户服务,客户的需要也会随时间、环境的变化而变化。所以物流企业必须在动态的条件下制定营销战略,借助产品寿命周期理论来建立模型。物流客户服务必须与产品寿命周期的动态状况相适应,以此来制订顾客服务的需求计划。如导入阶段的物流,要具有高度的产品可得性和服务的灵活性,满足客户随时可以获得存货就至关重要;在成长阶段的物流服务,重点应该是要更趋平衡服务和成本绩效,企业对客户服务所作的各种承诺已被计划用来实现各种盈利目标,应尽可能实现收支平衡的销售量,扩大市场覆盖面;成熟阶段的物流服务,变得更具高度的选择性,调整各自的服务承诺,提供独特的增值服务,创造忠诚气氛,以更多的人财物力向关键的客户提供特殊的服务;衰退阶段的物流服务,是放盘出售产品和继续有限地配送等方案的平衡,最大限度地降低风险,并开拓新的项目。

（2）增值服务的观念

物流客户服务是一种特殊的活动,它使物流活动能通过共同的努力提高其效率和效益。物流客户服务必须以增值为本,即为客户提供增值服务,从而也为自己带来增值。增值服务能够巩固业务上已做出的安排,开发利用增值服务的物流企业,它们都坚定不移地完成对基本服务所作的承诺,它们所作的事情是要帮助特定的客户实现其期望。在增值服务的过程中,厂商可以提供产品包装、建立客户标志、创建特定的批量包装、提供有助于购买的信息、在产品上标价以及建立销售点,展示,等等。在物流过程中,增值服务需要人人直接以存货交付或安排在端点间的往返作业以及其他任何能对主要客户产生持续价值的服务,绝大多数增值服务一般都可以从良好的渠道关系中体现出来。

3）关系至上的观念

现代客户管理正向客户关系方向推进,物流客户服务也正向这方面推进,树立关系至上的物流客户服务观念。企业通过技术投资、建立搜集、跟踪以及分析客户信息的系统、增加客户联系的渠道、客户互动以及对客户渠道和企业平台整合的功能模块(主要范围包括销售自动化、客户服务支持和营销自动化、呼叫中心)等,进一步协调与客户的关系。目前,物流营销是一种网络的互动关系,物流营销活动是各种主体在关系与网络中进行的活动,彼此都将注意力特别集中在合作上,积极地承担责任并发挥关系与网络的功能,依靠整个企业的紧密合作,与外部相关机构建立起长期的、稳定的良好的客户关系。

香港某公司对客户转投另一家公司的原因也做过一项调查,结果如下:1%的客户是因为原公司死亡,3%的客户是因为原公司搬迁,5%的客户是受朋友影响,9%的客户是因为原公司竞争对手搞优惠促销的竞争因素,14%的客户是因为对原公司产品不满,而68%的客户是因为对公司的服务不满。

其中占68%的"对公司服务不满"的原因也是直接与用户接触的客服部门得不到真正掌握服务资源的各相关部门及时有效的后台支撑。由此看来,维持一个老客户是多么重要啊。

4）绿色物流观念

物流企业营销理念的核心是把握客户需求,最终实现客户满意。伴随着全球环境恶化、资源短缺、人口爆炸、通货膨胀和忽视社会服务等问题日益严重,要求企业顾及社会整体利益的呼声日益高涨,即营销的终极理念是实现社会满意,这跟目前我国提倡的"和谐社会"不谋而合。事实上,顾客满意与社会满意本质上是协调统一的。站在"和谐社会"的经济立场上,社会作为个体的集群总合,社会满意就是单个顾客满意的有效集合体。顾客满意要求企业的一切计划与策略应以顾客为中心,但企业不能一味的满足顾客需求,而是必须在国家法律及政策允许的前提下实现顾客收益的最大化,这同社会满意的基本观点相吻合。因此只有了解并把握微观个体的需要,实现顾客满意,才能提高全社会的满意度,最终实现全社会的和谐、稳定、发展和进步。

就物流企业而言,倡导绿色营销应成为其营销理念的发展方向。所谓绿色营销,即以常规营销为基础,强调把消费需求、企业利益及环保利益三者有机统一,统筹兼顾,是社会营销的主要形式之一,且更强调环保的重要性。随着经济的全球化发展,环境问题已被提升到一个非常重要的高度上来,作为服务供应商的物流企业尤为显著。现代物流活动的各组成元素因存在非绿色成分而对环境造成不同程度的危害。

绿色营销要求物流企业更新观念,构建绿色物流,通过提供绿色服务,满足客户的绿色需求,使客户在环境保护和提高自身生活质量中坚持绿色消费。企业一方面可以通过自身的绿色形象在国际市场中提高产品的环境竞争力,另一方面基于自身的社会责任,对公众的消费行为起到引导和强化作用。因此,绿色营销理念可以促进物流企业绿色产品市场的开拓,实现物流系统的整体最优化和对环境的最低损害,不仅有利于环境保护和经济可持续发展,还有利于我国物流管理整体水平的提高。

【做一做】

一、经典案例阅读

神秘而又亲和的"FedEx 之盒"

背景资料:1914 年美国国会通过决议,把每年 5 月的第二个星期天定为母亲节,以示对所有母亲的崇敬与感激。庆祝母亲节的人通常送花、糖果和各式各样的礼物给自己的母亲,或者是全家请妈妈到餐厅用餐,表达对母亲的感恩。

每逢母亲节,花店、礼品店和餐馆就是最繁忙的一天,也是无数家庭表达其亲情与和睦的一天,但许多家庭却都会因临时找不到餐馆空位而驻足久等,或在一家又一家的餐馆前徘徊。

FedEx(联邦快递)制作充满人情的"FedEx 之盒":FedEx 急客户之所急、想客户之所想,与一家全美最大的餐馆调查公司联手,运用其智能系统,根据各餐馆订座、距离、家庭人数等情况编排出应去哪家餐馆、使用何餐位的计划,将其连同公司祝贺词一道灌录在那个著名的绿色小盒中,递送到千家万户,真正体现了"礼轻情意重"之服务要旨。也很好地解决了无数家庭对餐馆空位的需求。

一家物流快递服务公司,利用自己的服务网络资源,用"FedEx 之盒"这一极富人情化和亲和力的音乐盒送去对母亲的问候和对众多家庭的关爱,适时解决了客户的需求,这种别具一格、以智取胜、新颖的营销策略赢得了客户的青睐。

[案例思考]

"FedEx"之盒既神秘,又富有人情化和亲和力,FedEx 其个性化的促销手段和策略给我们什么启示?

二、实训活动

◎ 内容

第三方物流企业建立。

◎ 目的

模拟建立一家第三方物流企业,旨在明确物流企业建立中应有的指导思想和业务服务范围。从中体会建立一家物流企业需要多方面的人才,还有要团队合作精神。

◎ 人员

①实训指导:任课老师

②实训编组:学生按 6 人分成若干组,每组选出总经理、营销主管、财务主管、业务主管、业务员 2 名。

◎ 时间

2 课时。

◎ 步骤

①由教师将全班同学进行分组。

②每个小组的成员集中围着一张桌子坐下。

③每个小组选出总经理、营销主管、财务主管、业务主管、业务员 2 名。

④每个小组给自己成本的物流企业命名,确定企业经营理念,设计企业的标志。

⑤分别由各个小组的总经理进行讲述。

⑥模拟为超市进行配送开展物流服务的竞标。

◎ 要求

根据超市物流配送服务的具体要求,让每个小组参加竞投标,通过各个小组的投标方案,由同学们互评,最后由老师进行总评,选择一家物流服务企业,作为超市提供配送业务的专业物流企业,并认识被选中的物流企业一定是既能满足客户需求又能实现双赢的战略需要。

◎ 认识

作为未来物流企业员工,深悟企业服务营销内容,对我们在未来的工作中树立正确的营销理念,做好本职工作是有很大帮助的。

【任务回顾】

通过对本章的学习,使我们初步掌握了物流营销的含义、内容,物流营销的目的、地位和任务;知道了物流营销的原则、物流营销的特征和物流营销的主要特点,并在经营过程中应当树立正确的现代物流营销观念。

【名词速查】

1. 物流

物流(logistics)是指物品从供应地向接收地的实体流动过程。根据实际需要,将运输、储存、装卸、搬运、包装、流通加工、配送、信息处理等基本功能实施有机结合。

2. 物流企业

物流企业(logistics enterprise)是指从事运输(含运输代理、货运快递)或仓储等业务,并能够按照客户物流需求对运输、储存、装卸、搬运、包装、流通加工、配送等进行组织和管理,具有与自身业务相适应的信息管理系统,实行独立核算、独立承担民事责任的经济组织。

3. 仓储

仓储是指利用仓库及相关设施设备进行物品的入库、存储、出库的活动。

4. 运输

运输是指用专用运输设备将物品从一地点向另一地点运送。其中包括集货、分配、搬运、中转、装入、卸下、分散等一系列操作。

5. 装卸

装卸是指物品在指定地点以人力或机械实施垂直位移的作业。

6. 搬运

搬运是指在同一场所内,对物品进行水平移动为主的作业。

7. 配送

配送是指在经济合理区域范围内,根据客户要求,对物品进行拣选、加工、包装、分割、组配等作业,并按时送达指定地点的物流活动。

8. 流通加工

流通加工是指物品在从生产地到使用地的过程中,根据需要施加包装、分割、计量、分拣、刷标志、拴标签、组装等作业的总称。

9. 物流营销

物流营销是指物流企业以物流市场需求为核心,通过采取整体物流营销行为,以提供物流产品和服务来满足客户的需要和欲望,从而实现物流企业目标的过程。

10. 物流营销观念

物流营销观念是指物流企业在一定时期、一定生产经营技术和一定的市场营销环境下进行全部营销活动,正确处理企业、顾客和社会3方面利益的指导思想和行为的根本准则。

11. 物流客户服务

物流客户服务是指工商企业为支持其核心产品销售而向客户提供的物流服务。

【任务检测】

一、单选题

1.(　　)的目的是克服物品生产与消费在时间上的差异,使物品产生时间效果,实现其使用价值。
　　A. 仓储　　　　B. 运输　　　　C. 流通加工　　D. 装卸搬运

2. 物流服务的质量由(　　)决定。
　　A. 服务质量的高低　　　　　　B. 客户的感受
　　C. 服务标准高低　　　　　　　D. 客户所支付的费用多少

3. 物流营销的目的是通过综合性的活动手段,了解、掌握客户需求,并向客户介绍能够满足客户需要的(　　),使客户了解、认识并接受物流企业及相应的物流服务。
　　A. 运输产品　　B. 仓储产品　　C. 物流服务　　D. 服务承诺

4. 营销观念的第一次革命是指(　　)的出现。
　　A. 生产观念　　B. 产品观念　　C. 推销观念　　D. 市场营销观念

5. 根据调查,一个对你满意和不满意的客户都会将信息向外传递,并且不满意的客户与满意客户相比,往往会传递给(　　)的数量,营销学上称之为扩散定理。
　　A. 较少　　　　B. 较多　　　　C. 相等　　　　D. 无法比较,因人而异

6. 物流客户服务是指工商企业为支持其(　　)销售而向客户提供的物流服务。
　　A. 核心产品　　B. 主导产品　　C. 附加产品　　D. 整体产品

7.物流营销是指物流企业以物流市场需求为核心,通过采取(　　)行为,以提供物流产品和服务来满足客户的需要和欲望,从而实现物流企业目标的过程。

　　A.推销　　　　　　　　　B.物流营销

　　C.整体物流营销　　　　　D.促销

8.配送是指在(　　)区域范围内,根据客户要求,对物品进行拣选、加工、包装、分割、组配等作业,并按时送达指定地点的物流活动。

　　A.一定半径　　B.同城　　　C.同一　　　D.经济合理

二、多选题

1.(　　)长期以来被看作物流系统活动的两大支柱。

　　A.仓储　　　　B.运输　　　C.流通加工　　D.装卸搬运

2.运输是物流最基本的业务活动之一,具体包括(　　)工作环节。

　　A.货物发运　　B.货物接运　　C.货物中转　　D.货物抵达

3.以下哪些项是物流市场营销的原则(　　)。

　　A.注重规模,讲究整体效益　　B.注重合作,讲究合作优势

　　C.注重稳定,讲究局部利益　　D.注重回报,讲究企业共赢

4.物流营销活动的主要内容包括了(　　)。

　　A.环境分析与市场调研　　　B.市场分析与定位

　　C.市场营销组合　　　　　　D.管理营销活动

5.与有形产品营销相比,物流服务营销具有(　　)特征。

　　A.无形性　　B.不可分割性　　C.不可贮存性　　D.缺乏所有权

6.物流企业的类型包括(　　)。

　　A.配送型物流企业　　　　　B.运输型物流企业

　　C.仓储型物流企业　　　　　D.综合服务型物流企业

7.客户满意是营销的关键,通常客户满意会从(　　)努力。

　　A.提供市场上最低的价格　　B.真正做到让客户无可指责

　　C.做到的比承诺的多一点　　D.有效地控制客户对服务的期望值

8.(　　)是营销的出发点,提供需要的企业在需要的基础上进行生产活动或策划活动。

　　A.产品　　　　B.需要　　　C.欲望　　　D.服务

三、判断题

1.(　　)只要是负责物流活动的,实行独立核算,独立承担民事责任的经济组织都是物流企业。

2.(　　)流通加工与一般的生产加工并无较大差别。

3.(　　)物流营销与产品营销是一样。

4.(　　)物流营销涉及物流企业发展的战略问题,又涉及到战术问题。因此物流营销工作一直备受物流企业的中高层管理者关注。

5.(　　)物流企业通过营销活动要获取、扩大物流业务,维持和巩固物流市场占有率。

6.(　　)维持一个老客户很重要,因为它比开发一个新客户要容易得多。

7.(　　)绝大多数增值服务一般都不能从良好的渠道关系中体现出来。

8.(　　)物流营销的是无形的服务产品,它同有形的产品一样,可以进行展示,让顾客通过比较来选择。

四、思考题

1.物流营销有哪些需要遵守的原则?

2.现代物流营销的观念有哪些?

3.你能说说物流营销的目的吗?

任务 2
物流企业如何营销

教学要求

1. 陈述物流营销环境、物流营销的外部环境和内部环境包括的内容；

2. 明确企业物流客户分析的含义、范围；

3. 会对物流企业的竞争者进行分析；

4. 清楚物流市场调查的作用、内容、程序和方法；

5. 阐述市场预测的含义和特点，知道预测的程序和方法；

6. 了解 SWOT 分析的核心思想。

学时建议

知识性学习 8 课时。

案例学习讨论 4 课时。

现场观察学习 2 课时(业余自主学习)。

【导学语】

你现在已经知道了物流营销是什么,那物流企业又该如何去营销呢?兵书云:"知己知彼,百战不殆"。

物流营销就是要针对客户的需要,在广泛调查研究的基础上,寻找自己的服务领域。

找到了客户的需要,是不是就一定能满足这种需要呢?如果遇到竞争者又凭什么能取胜呢?

卷首案例

危机中寻找发展的机遇

面对"金融"困境,外资物流企业为何依然加大对中国的投资?

在当前金融危机波及全球的局势下,企业、工厂频繁破产倒闭,市场局面出现了混乱。尤其是对物流行业的冲击力更是强大,造成了货源与物流间的"短路"。

据中国物流与采购联合会"2008年前三季度中国物流业统计分析"数据,1~9月份,40%以上的物流企业有不同程度的利润减少,还有部分物流企业出现了赤字。部分规模较小的外资物流企业,暂缓在中国继续投资,勉强维持企业运转。但一些全球500强跨国公司和国际知名物流企业,如冰岛怡之航物流公司、日本NYK物流公司、马士基物流,美国UPS等,纷纷凭借自身的资金和技术优势,加快网络布局,抢占核心城市和高端市场。韩国大韩通运也在研究在中国上海、天津、青岛等地投资建设物流基地。

随着国务院提出拉动内需10条措施,推出了4万亿的刺激经济方案,对国内物流业也是一个机遇。政府和行业主管部门,对物流行业给予更多的关注,并在企业如何拓展国内物流市场方面,提出相应的对策和安排。如青岛推出:一要建立健全现代物流业政策体系,加大对物流业的资助和扶持。重点扶持第三方物流企业,鼓励企业通过兼并、联合、重组、上市等方式做大做强;二要鼓励和引导物流企业向内需转型寻找新的商机,引导物流企业进行业务转型,引入供应链管理模式和理念,向国内 IT、服装、酒类、电器、化工、医疗器械等内需行业深度延伸;三是鼓励物流企业和生产制造业的合作,为物流产业创造更多的需求空间,也同时提高生产企业的竞争力。

(株)韩进和大韩通运(株),都是韩国综合运输领域的领军人物。(株)韩进于过去几年间在青岛已有不少投资,包括海运、陆运和货代业务。同时,该集团表示,在当前情况下,仍计划在中国空港物流和空港商务方面加大投资力度,明确表示对青岛空港物流项目非常感兴趣,希望具体促进。大韩通运(株)也因该公司要跻身世界物流业 20 强的战略目标,打算今后在中国再投资 50 亿元,来构筑韩国—中国物流网络,同时随着韩亚航空在中国定期航线的增多,今后也将考虑青岛的空港物流业务。

面对金融危机的现实,外资物流企业依然看重中国市场,纷纷加大对中国市场的投资力度,究其原因,不外乎是中国政局稳定;拥有较低廉的劳动力,而且劳动力供给大;中国经济正处于快速发展之中;中国是世界制造业的基地,等等。从这些吸引外资物流企业的原因分析中,不然看出,环境对资本的吸引力何其大!下面我们就来一起学习,物流企业如何分析面临的环境?如何根据自身企业的实际作出适宜的营销策略?

【学一学】

2.1　物流营销环境分析

任何物流企业都是在一定环境中从事营销活动的,环境的特点及其变化必然会影响物流企业活动的方向、内容等。环境分析的目的,主要是为了识别环境中影响物流营销的各种因素及其变化趋势,认识这些因素对物流营销活动的影响机理,发现环境带给企业的机会与威胁,以及揭示物流企业与竞争者相比较所具有的优势与劣势,为建立营销战略服务,设计和选择相应的营销组合策略。

2.1.1　物流营销环境要素分析

1)物流营销环境的含义

物流企业同其他的生物体、有机体一样,生存于一定的自然环境之中。物流企业的全部营销活动,都是在其所生存的社会"生态环境"中进行的。环境因素必须是每个物流营销活动必须认真考虑的重大问题。

物流营销环境是指与物流营销活动有关的、影响企业生存和发展的各种内外界条件和因素的总和。它可以分为外部环境与内部环境两部分。外部环境是物流营销活动的重要外在因素,它对物流营销活动产生间接的影响,但并不排斥外部环境中的某些因素会对物流企业的营销活动产生直接的影响,它是物流活动中不可控的因素。外部环境是由宏观环境和微观环境组成的。

2)外部宏观环境

可分为 5 个方面:即政治环境、经济环境、社会环境、技术环境和自然环境。

(1)政治环境

政治环境是指物流企业所在国以及主要目标顾客所在国双方的政治制度、政治体制、对外政策、国际政治环境、居民的政治文化心理以及两国之间的政治关系。其中,两国之间的关系以及国际政治形势主要作用于国际物流,国内的政治形势直接或间接地影响国内物流业的发展环境和企业的物流服务需求。我国加入世界贸易组织,物流业在拥有巨大市场前景的同时,也面临着国外同行进入中国市场的强烈冲击。

①国家的政治体制。国家的政治体制是国家的基本制度及国家为有效运行而设立的一系列制度,如国家的政治和行政管理体制、政府部门结构及选举制度、公民行使政治权利的制度、经济管理体制等,它决定着政府行为和效率。

政府机关是管理部门、权力行使部门还是服务部门? 末位淘汰制、效能考核、效能投诉等政策的实施,标志着政府部门职能的转换,影响着政府的工作效率,也间接地影响了企业的效率。因为企业活动中有一部分工作是与政府打交道的。

②政治稳定性。政治稳定性包括政局和政策的稳定性。中国能够以较大的额度和较快的增长速度吸引外资,其中除了中国的劳动力等生产要素价格相对便宜

外,更为重要的是我们有更加稳定的政局、有稳定的国际关系,从而带来了政策的稳定性、连续性和持久性,这给国外的众多投资者提供了巨大的安全感。

③国际关系。国际关系即国与国之间的政治关系。这种关系会影响到它们之间的经济关系,而经济关系会影响企业的经营。

④法制体系。法制体系是由国家制定并被强制实施的各种行为规范的总和,如宪法、刑法、民事诉讼法、公司法、劳动法、环境保护法、专利法、海商法、《中华人民共和国水路运输服务业管理规定》、《汽车货物运输规则》、《港口货物作业规则》、《中华人民共和国国际海运条例》、《道路零担货物运输管理办法》、《中华人民共和国水上安全监督行政处罚规定》等。作为 WTO 的成员国,还必须遵循相关的国际规则和行为惯例,如与服务贸易有关的服务贸易总协定以及国家安全管理规则等。

⑤政治团体。如物流或者与物流相关或对物流有影响的行业组织和协会、公众团体、妇联组织、共青团和工会等。

(2)经济环境

经济环境主要包括国内生产总值及增长速度、市场规模、生产要素市场的完善程度、经济和物流政策以及国家的物价总水平。

①国内生产总值及增长速度。国内生产总值简称 GDP,它统计在中国境内的一切企业的生产总值,也包括在中国的外资企业。GDP 的增长是由增加投资、扩大内需及鼓励出口贡献的。GDP 的高速增长,会带来物流服务需求的快速增长,也给物流企业带来了巨大的发展空间。

②市场规模。市场规模是指一个国家的市场容量或商品的总需求水平。它与人口规模及购买力水平密切相关,人口规模、购买力水平与市场容量的关系如表 2.1 所示。

表2.1　人口规模、购买力水平与市场容量的关系

人口规模	购买力水平	市场容量
少	低	很小
多	低	一般
少	高	一般
多	高	大

③生产要素市场的完善程度。这是指与生产有关的一切要素,如市场的开发程度,商品市场、资金市场、劳动力市场、技术市场、房地产市场、信息市场等,是否可以在自由体系中,通过购买获得。生产要素市场的完善程度越高,越容易从市场中,而不是通过其他的途径获得生产或服务所需要的一切有用资源,而且,这种获得就越公平合理。

④经济和物流政策。国家的经济政策是根据政治经济形势及其变化的需要而制定的,直接或间接地影响着物流企业的营销活动。对物流企业来说,国家的经济政策主要表现为产业政策、能源政策、价格政策、环保政策以及财政与货币政策等。物流政策如国家发展和改革委员会等九部委联合颁布的《关于促进我国现代物流业发展的意见》(2004),这是目前我国最为综合的全国性物流政策,也是促进我国现代物流发展的最高纲领和行动指南。同时,地方政府对物流发展的有关政策性的指导更趋明朗,如福建省人民政府《关于加快现代物流业发展的意见》(2005)、厦门市人民政府《关于加快发展厦门现代物流业的意见》(2003)等。

⑤国家的物价总水平。特别是与物流相关及具有联动影响的能源材料的价格水平及其变化趋势。

(3)社会文化环境

社会文化环境包括一个国家或地区的居民受教育程度和文化水平、宗教信仰、风俗习惯、审美观、价值观念、道德准则等。社会文化环境通过物流服务接受者的思想和行为来影响企业的营销活动,因此,物流企业在从事营销活动时,应重视对社会文化的调查研究,并做出适宜的营销决策。

①教育程度和文化水平。一个国家、一个地区的人民受教育的程度和文化水平往往与经济的发展水平是一致的。教育程度和文化水平的高低影响着企业营销活动组织策略的选取。

②宗教信仰。不同的宗教信仰有着不同的文化倾向和戒律,从而影响人们认识事物的方式、价值观念和行为准则,影响着人们的消费行为和习惯,带来特殊的市场需求。特别是一些信仰宗教的国家和地区,宗教信仰对物流企业营销活动的影响更大。如在安息日禁止做工,对物流服务的需求影响很大。了解和尊重人民的宗教信仰,对物流营销活动具有重要意义。

③风俗习惯。风俗习惯是人们根据自己的生活内容、生活方式和自然环境,在一定的社会物质生产条件下长期形成,并世代相袭的风尚和由于重复、练习而巩固下来并变成需要的行动方式的总称。不同的国家、不同的民族有不同的风俗习惯,它对消费者的消费偏好、消费方式、消费行为等具有重要的影响。

营销小故事

《韩非子·说林上》中有这样一则故事：鲁国的京城有这样一对夫妇，男的善于编草鞋，女的善于织麻布。他们听说越国是个鱼米之乡，富庶安宁，手中又有钱，于是打算搬到那里去经商，认为这样一定会赚到大钱的。

邻居问："你们靠什么吃饭呀？"男主人说："我会编草鞋卖。"女主人说："我会织麻布。"邻居先是大笑不止，然后语重心长地说："老邻居哟，老邻居，我好心劝你们几句话，你们千万不要去那里，因为越国人从小便光着脚板走路，个个蓬头披发，从不戴帽子的，谁会去买你们的草鞋和麻布？"邻居的一番话打消了他们去越国的念头。

④审美观。审美观通常是指人们对事物的好坏、美丑、善恶的评价。不同的国家、民族、宗教、阶层和个人，往往因社会文化背景不同，其审美标准也不尽一致。因审美观的不同而形成的消费差异更是多种多样。不同的审美观对消费的影响是不同的，企业应针对不同的审美观引起的不同消费需求，开展自己的营销活动，特别要把握不同文化背景下的消费者审美观念及其变化趋势，制定有效的营销策略以适应市场需求的变化。

⑤价值观念。价值观念是人们对社会生活中各种事物的发展、评价和看法。不同的文化背景下，人们的价值观念差别是很大的，而消费者对服务的需求和购买行为深受其价值观念的影响。对于不同的价值观念，企业营销人员应采取不同的策略。

企业应了解和注意不同国家、民族的消费习惯和爱好，做到入境问俗。可以说这是企业做好营销尤其是国际物流营销的重要条件。如果不重视各个国家、各个民族之间文化和风俗的差异，就很可能造成难以挽回的损失。

小资料

为什么要入境为俗？

中国古代的《礼记·曲礼上》中说："入境而问禁，入国而问俗，入门而问讳。"意思是说，进入一个陌生的地区，要首先去打听有关的民俗和禁忌，以免遇到麻烦。

(4)科技环境

科学技术发展促进了企业物流装备的现代化，各种现代化的交通工具与高科技产品不断涌现,为物流企业提供了技术条件和创造了更为先进的物质技术基础。如集装设备、物流设施、仓库设施、铁道货车、货船、汽车、货运航空器、装卸设备、输送设备、分拣与理货设备、物流工具等。

信息技术与网络设备,如基础应用层面的有:因特网、地理信息系统、全球卫星定位系统、条形码、射频技术等。作业层面的有:准时制工作法、销售时点信息、有效客户信息反馈、自动连续补货、快速响应、管理信息系统、企业资源计划、分销资源计划、客户关系管理、供应链管理等。这些技术,提高了运输管理、仓储管理、装卸搬运、采购、订货、配送、订单处理的自动化水平,使包装、保管、运输、流通加工实现一体化,还提高了结算、需求预测、物流系统设计咨询、物流教育与培训方面的服务能力。

物流企业应密切关注所在领域和相关领域的科技环境的发展变化,分析其对企业营销所产生的具体影响,以利于及时调整自己的营销方案。并以技术进步为契机不断开发出新的产品,使企业长久地保持兴旺发达。

关注科技环境,最重要的是应看到:任何一种新技术的出现都可能会引出新的行业,为企业带来发展的机会;也可能使沿用旧技术的行业衰落下去,给企业的生存带来威胁。因此,科技环境的改变既可能是福音也可能是冲击,在这种情况下,只有及时采用新技术或调整经营结构,并相应调整营销方案,企业才能求得生存和发展。

(5)自然环境

自然环境包括自然资源、气候、地质和地形、地理位置等物质环境。自然环境对物流企业的影响是巨大的,因为物流企业的主要功能是以运输、储存等为主要特征的服务企业。物流企业保管和储藏的商品涉及各个类别、各种特性,保管的技术要求和难度千差万别,受环境如冷、雨、雾、冰雹、风、寒、阴、潮等的影响极大。至于运输对于气候的依赖性就更为重要了。企业自然环境(或物质环境)的发展变化既会给企业带来市场机会,也会造成一些威胁。所以企业要分析和研究自然环境方面的动向。目前,这方面的主要动向是:

①自然资源。自然资源具有稀缺性,如清洁的空气、水、森林、粮食、煤炭、石油等。如北京奥运会期间,如何保证17 000多名运动员、随队官员及近3万名记者的饮食安全? 北京市友谊食品配送公司为了让运动员们吃得放心、喝得安心,从原材料产地、种养加工到采购验收、检验配送,从源头到终端的全程监控。奥运会上,运动员们吃到的每一道食品,都是要经过重重设卡、层层把关、道道检测,可谓是过五关斩六将,最后才到达运动员们的餐桌上。

②环境污染。随着工业化和城市化的发展,环境污染日益增加,公众对此越来越关心,纷纷指责环境污染的危害性,因此,物流企业在营销理念中加进企业的社会责任的内容还很不够,这多少有些被动的成分,应当把人类面临持续发展的挑战作为人类的最大需要,作为企业能够满足的商业机会。保护生态环境既是人类进入 21 世纪所面临的共同愿望,它对物流企业而言既是压力和威胁,又是最大的、等待开发的市场机会。这就是通常所说的"绿色营销"。如果企业能够充分保护环境问题,在生态保护方面做得有成效,一定会得到顾客和公众的拥护,从而建立竞争优势。

③政府对自然资源的保护日益加强。随着经济发展和科学进步,许多国家的政府都对自然资源的保护加强了,这无疑会成为一些企业的压力,但对另一些有环保意识的企业却带来发展的机会。政府为了社会利益和长远利益对自然资源管理都加强了干预,往往会与一些企业的经营战略和经营效益相矛盾。企业的最高管理层要统筹兼顾地解决这一矛盾,力争做到既减少环境污染,又能保证企业的长远发展,提高经营效益。因此,物流企业在从事营销活动时必须注意自然环境的影响。

3)外部微观环境

可分为 5 个方面:即物流企业的竞争对手、物流企业潜在竞争对手、物流市场的营销渠道企业、物流客户或消费者市场和公众。

(1)物流企业的竞争对手

①区分竞争对手和主要竞争对手。企业竞争对手很多,但要按照可比性的原则,找出自己的主要竞争对手,要区分不同的重量级别,主要应该了解自己,把自己与对手加以比较。

②反映企业竞争实力的主要指标有销售增长率、市场占有率和产品及服务的获利能力,如表 2.2 所示。其中:

$$销售增长率 = \frac{今年销售实绩 - 去年销售实绩}{去年销售实绩} \times 100\%$$

$$销售增长率 = \frac{今年销售实绩增长额}{去年销售实绩} \times 100\%$$

$$市场占有率 = \frac{本公司销售收入}{业界总销售收入} \times 100\%$$

表 2.2　企业竞争实力的主要指标

	2004 年	2005 年	增长率/%
企业实绩	100	150	150
业界实绩	1 000	1 200	120
市场占有率/%	10	12.5	

③监测主要竞争对手的发展动向。方法是用动态监测的方法,指派专人、专门的机构负责该项工作。

④目前参与我国物流市场竞争的企业主要有如下几类:A. 以传统的运输系统为支撑的物流企业,如铁路系统、中外运、华宇物流公司等;B. 以传统仓储系统为支撑的物流企业,如中储、商业系统、粮食系统公司等;C. 以邮电系统为代表的、以包裹递送转向物流服务的物流企业;D. 以新经济为口号而应运而生的物流企业,如发源于商业系统的华运通、宝供、中野公司的全球数码仓库等;E. 以掌握业务需求而进入物流行业的潜在的生力军,如海尔、联想公司等;F. 国际大公司如 FedEx、UPS 等瞄准国内巨大市场而陆续登陆。众多已经进入国内市场的国际著名物流企业或与国内物流企业联盟,或并购股权,组成专业化的物流企业,为客户提供涉及全国配送、国际物流服务、多式联运和邮件快递等方面的专业化服务,凭借他们雄厚的资金、丰富的经验、优质的服务和一流的管理及人才,占据了三资企业物流供给的部分市场。

(2)物流企业潜在竞争对手

当企业处于一个有利可图或前景看好的行业中时,必然会引来其他行业有雄厚资金或实力的企业的进入,要防止这些潜在竞争对手的进入,可以从以下几个方面入手:

①迅速形成一定的规模。规模经济是指在一定时期内,随着物流企业所提供的服务增加,单位产品所负担的平均服务成本呈下降趋势。企业形成规模后,对于新的和较小的进入者而言,成本会较高,则加入竞争的风险会增大。

②要迅速控制关键资源。企业如果控制了生产所必需的某种资源、某种优势资源时,就会保护自己而不被进入者干扰。关键资源包括资金、专利或专有技术、原材料供应、分销渠道、专业人员、经验或资源的使用方法或工艺等。例如物流企业拥有大量的终端网络或航线与国际核心物流资源结合,奶制品企业通过占有天然、优质的牧场资源,娃哈哈公司通过占有千岛湖的优质水资源等,都是很好的范例。

③建立品牌优势。企业具有较高的关注度和知名度、同时具有很高的知名度和回头率,这是企业的品牌优势。

④充分利用政府政策。

（3）物流市场的营销渠道企业

物流市场的营销渠道企业包括:物流企业的供应商、商人的中间商、代理中间商和各类辅助商等。物流营销中介是指协助物流企业把物品从供应地运送到接收地的活动过程中所涉及的所有中间机构,包括各类中间商和营销服务机构。对于物流企业而言,就是各类货运代理机构等。营销服务机构主要包括营销调查机构、营销研究机构、广告代理机构、企业形象设计机构、媒体机构、营销咨询机构、物流服务项目代理机构等。

物流供应者是指从事物流活动和业务所必需的各种资源和服务产品的供给者。它包括直接向物流市场提供各类物流活动、服务项目及有形产品的各类企业;为物流企业提供设备、工具、机械、能源、土地、厂房设施等的各类供应商;为物流企业提供信贷资金的各类金融机构;为物流企业生产经营过程提供各类服务和劳务的机构等,所有这些均构成物流市场的供应商。

（4）物流客户或消费者市场

物流客户或消费者市场包括国内外消费者市场、生产者市场、中间商市场、政府及一切事业单位市场等。

无论是哪类客户或消费者市场,营销的目的就在于确定客户所期望的价值。而要很好地了解客户的需求价值所在,必须知道企业提供的产品是什么。它有哪些突出价值和优势,企业又是怎样与客户打交道的,派什么样的人、要求什么样的素质,通过怎样的价格向顾客出售产品或服务等。同时,还要注意随时将自己的客户按大、中、小级别加以区分,进行有效的分类,建立详细的档案,以便区别对待,加以严格的管理和有效的沟通。

（5）公众

公众是指那些会给物流企业实现其营销目标构成实际或潜在影响的任何团体,包括金融公众、媒体公众、政府机构公众、企业内公众、社会一般公众和压力集团等。

①金融机构包括银行、投资公司、证券公司、保险公司等。

②媒体机构包括电视、报纸、杂志等。

③政府机关包括专门负责物流企业经营的职能部门及各级政府机关等。

④企业内部公众包括董事会、经理、职工等。

⑤社会一般公众是指消费者等。

⑥社会压力集团包括社会绿色和平组织、环保部门等。

4)物流企业内部环境

每个物流企业,必须依靠自身的条件,根据市场的需求来完成既定的任务。内部环境是物流营销活动的重要内在因素,它对物流营销活动产生直接的影响,是物流活动中可控的因素。其内部条件主要由以下要素组成:

(1)一线部门服务人员的数量、质量、专业知识和技术水平

物流企业从"组织—员工—客户"这一关系传导理念出发,通过有效地培训和激励一线员工使其为顾客提供满意的服务,来反映物流企业的内部营销状况,它直接决定着物流服务的水平高低及企业的整体实力。从一线部门服务人员的数量、质量、专业知识和技术水平等诸多方面来考核一个物流企业的内部条件。

(2)一线部门的管理水平

内部营销是一项管理策略,其核心是提升员工的客户服务意识。物流组织是一个系统工程,从物流服务推广、物流客户的拜访、物流活动的组织安排到客户服务等一系列工作无不体现出一线部门的管理水平和员工的综合素质。

(3)服务设备设施的情况

物流企业用于服务的技术是否先进适用,对物流活动的顺利举行是否起到有力的保障,都是通过物流服务的设备设施情况来反映的。因而服务设备设施的情况是影响物流企业的一个重要内部条件。

(4)服务的成本以及效益等各种情况

企业最终能否顺利生存发展下去都是要通过效益来反映的,物流企业也不例外,物流企业综合服务能力是通过服务的成本以及效益等情况来反映的。

(5)财务管理方面的情况

主要包括本企业的主要财务政策、资金来源、现金管理、现金流动情况、服务的成本构成、销售额等情况。

2.1.2　物流企业客户分析

1)客户分析概述

(1)客户分析概念

物流企业客户分析是指物流企业通过各种渠道获取客户相关信息,综合运用多种方法,充分了解客户需求,把握客户特点,为客户提供满意甚至超值服务的同

时完成既定目标。

（2）客户划分

从物流客户的角度来看,客户可划分为 3 个层次:第一层次是常规客户或称一般客户。企业主要通过让渡财务利益给客户,从而增加客户满意度;而客户也主要希望从企业那里直接获得好处,获得满意的客户价值,他们是企业与客户关系的最主要部分,可以直接决定企业的短期收益。第二层次是潜力客户或称合适客户。他们希望从与企业的关系中增加价值,从而获得附加的财务利益和社会利益。这类客户通常与企业建立一种伙伴关系或者"战略联盟",他们是物流企业与客户关系的核心,是客户中的关键部分。第三层次是头等客户或称关键客户,他们除了希望从企业那里获得直接的客户价值外,还希望从企业那里得到社会效益。他们是企业比较稳定的客户,数量不占多数,但对企业的贡献达 80% 左右。

2)物流企业的服务范围与外部环境和自身的实力密切相关

一般来说,随着物流企业的成长,客户服务的范围也在不断地扩大。物流企业客户分析的对象,可以是处于供应链上、下游的客户,他们可能是生产商、批发商、零售商和物流商,也可能是作为消费产品和服务最终接受者的人或机构。总之,物流企业内外部都有客户,包括了企业内部的上、下流程工作人员和供应链上、下游企业。

可以看出,物流企业客户服务的范围非常广泛,面对的是一个全球化的市场。从静态分析,物流企业面对的可能是一个很小的市场,国内市场的一部分,覆盖全国的市场,国际市场,全球市场;从动态看,物流企业服务的范围可以从小市场到国际市场到全球市场,随着地理边界的扩大,客户群也相应扩大;从服务标准看,物流企业提供的服务既有简单的也有复杂的,服务的内容也是多式多样的,十分丰富。

3)物流企业客户行为分析

（1）影响客户购买行为因素分析

客户的购买行为在很大程度上受到文化、社会、个人和心理等因素的影响。文化因素包括文化、亚文化和社会阶层特性等。社会因素主要由参照群体、家庭、社会角色与地位等一系列方面构成。个人因素主要可以考虑个人特性,特别是受其年龄所处的生命周期阶段、职业、经济状况、生活方式、个性以及自我观念等几个方面。心理因素包含动机、知觉、学习以及信念和态度等要素。

客户购买行为是文化、社会、个人和心理等诸因素相互影响和作用的结果。其中很多因素是企业无法改变的,但可用于识别那些有兴趣的客户。借助有效的营销策略,企业可以诱发客户的强烈反应。

（2）客户购买模型

首先,客户是有一定需要的,外部刺激会进一步激发其需要与欲望,他要在思想中识别和确认他所面临的需要和欲望,搜集可以满足其需要与欲望的所有标的及相关信息,并在各种方案中进行比较、评估,最后作出购买决策和采取购买行动。在使用和消费购买的标的后,他会与自己的期望相比较,确认购买的价值,在心理上会产生满意或不满意,从而影响他购买的行为。

（3）物流企业客户的购买决策过程

物流客户的购买过程,是购买的决策过程,通常可以用 5 个阶段来表示,即认识需求、收集信息、评价选择、购买决策、购后感受。

①认识需求。认知物流是客户购买过程的起点,是客户购买行为的核心问题,客户要了解自己对物品及服务的要求,包括种类、运距、成本、运输需求、安全要求等。

②收集信息。客户要收集运输方式、路线、工具等方面的情况,了解班次频率、运费、安全性、技术装备水平、信息处理能力、员工素质等信息。

③评价选择。客户对收集的信息归纳整理分析,一般情况下,会面临多种方案的选择,如有铁路、水路、公路、空运等多种可供选择的方案,对物流企业的选择等。客户必须依据所获悉的信息和自身的特点作出评价,做出最后选择。

④购买决策。客户根据评价的结果,选定自己认为最佳的物流服务商,让物流服务商承担自己外包的物流活动。

⑤购后感受。客户选择物流服务后会有一定的反应,亦即满意程度的反应。若满意度高,即购买后的感受好,就会以后直接重复选择该公司的服务购买,成为忠实客户。满意度一般,会修正重购。如果不满意,就会新购。

2.1.3 物流同行分析

物流企业在开展营销活动的进程中,仅仅了解其客户是远远不够的,还必须了解其同行的竞争者,知己知彼,才能取得竞争优势,在商战中获胜。

1）竞争者分析含义

（1）竞争者含义

竞争者一般是指那些与本企业提供的产品或服务相类似,并且所服务的目标客户也相似的其他企业。

（2）竞争者分析含义

竞争者分析，就是分析每个竞争者的目标（获利能力、市场占有率、现金流量、技术领先、服务领先和社会表现等），研究竞争者在本行业中的经营历史、管理背景、现行战略和潜在能力、新产品、营销创新、市场挑战战略等方面的情况。

2）影响物流企业竞争的因素

（1）新进入者

只要是有利可图的产品或服务都会招来新的进入者，物流企业也不例外。新进入者是指新加入物流行业的新企业。这些新加入的物流企业给行业经营注入了新鲜血液，促进市场竞争的发展，同时也带来挑战和压力，威胁着同行各企业的市场地位。这种新进入者的威胁大小，是由进入障碍（壁垒）和现在者的反击所决定的。如果新进入者认为原有物流企业反击力度大或进入竞争的障碍高，这种威胁就会小些；反之，就会大些。新进入者还要预测现有物流企业的反击能力的影响。

（2）现有竞争者之间的竞争

现有竞争者是指已在行业中的现有物流企业之间的竞争。主要竞争对手找出后，进一步研究他们的竞争实力在哪里，知己知彼的制定有效的对策；与此同时，还必须分析整个行业的竞争格局和主要竞争对手的战略动向、发展方向（服务开发动向、市场拓展或转移方向），从而制定出相应的竞争策略。

（3）替代服务的压力

替代服务是指同样的业务采用成本较低的方案完成任务。替代服务设置了行业中物流企业可谋取利润的定价上限，从而限制了一个行业的潜在收益。替代服务提供的价格——性能选择机会越有吸引力，行业利润就压得越紧。

（4）客户讨价还价的能力

客户讨价还价的能力是指客户向物流企业施加的压力。如果物流企业的服务产品高度差异化，客户的讨价还价能力就低，如果一个物流企业的服务产品差异化程度小，客户的讨价还价能力就会大。当物流企业依赖少数几个客户时，客户的讨价还价能力就强，反之亦然。

（5）供应者的能力

供应者能力是指供应者向物流企业施加的压力。当供应者的数量很少，提供的产品差异大时，供应者的能力就很强，反之，当供应者的数量多，提供的产品差异小时，供应者的能力就很弱。如沃尔玛的供应商，由于他的需求量占到了他的供应商的销售量的绝大部分，因此供应者相对于沃尔玛来说，其供应能力就很弱。

3）识别物流企业的竞争者

识别竞争者看起来似乎是简单易行的事，其实并不尽然。从现代市场经济实践看，一个企业很可能被潜在竞争者，而不是当前的主要竞争者吃掉。通常可从产业和市场两个方面来识别物流企业的竞争者。

（1）产业竞争观念

从产业方面来看，提供同一类服务或可相互替代服务的企业，构成一种产业。如果一种产品价格上涨，就会引起另一种替代产品的需求增加。企业要想在这个产业中处于有利地位，就必须全面了解本产业的竞争模式，以便确定自己的竞争者。

（2）市场竞争观念

从市场方面来看，竞争者是那些满足相同市场需要或服务于同一目标市场的企业。以市场观点分析竞争者，可使企业拓宽眼界，更广泛地看清自己的现实竞争者和潜在竞争者，从而有利于企业制定长期的发展规划。

识别竞争者的关键是，从产业和市场两方面将服务细分和市场细分结合起来，综合考虑。

4）确定竞争者的方法

竞争者分析应当循着从广泛到具体的程序，逐步理清竞争关系，最重要的是要确定影响企业生死存亡的竞争对手。

①描绘细分市场轮廓；

②列出在为细分市场和准备为细分市场提供服务的所有竞争者；

③考察这些竞争者的战略目标、战略途径、战略手段以及战略优势来源等战略要素，勾画出战略群（组）的差别；

④确定本企业所在的战略群，他们是最直接的竞争对手；

⑤必要的话，在本企业所在的战略群中找出对本企业生存和发展最具威胁的企业，将其视为头号竞争对手。

5）竞争者分析的内容

在确立了重要的竞争对手后，就需要对每一个竞争对手做出尽可能深入、详细地分析，揭示出竞争对手的长远目标、竞争对手的现行战略、竞争对手自己及行业的假设以及竞争对手的潜在能力。最后对上述4个方面进行综合，就可以判断竞争对手的反击概略。

（1）竞争对手的长远目标

对竞争对手长远目标的分析可以预测竞争对手对目前的位置是否满意，由此判断竞争对手会如何改变战略，以及他对外部事件会采取什么样的反应。

（2）竞争对手的战略假设

每个企业所确立的战略目标，其根本是基于他们的假设之上的。这些假设可以分为3类：

①竞争对手所信奉的理论假设；

②竞争对手对自己企业的假设；

③竞争对手对行业及行业内其他企业的假设。实际上，对战略假设，无论是对竞争对手，还是对自己，都要仔细检验，这可以帮助管理者识别对所处环境的偏见和盲目。

（3）竞争对手的战略途径与方法

战略途径与方法是具体的、多方面的，就从企业的各个方面去分析。各企业采取的战略越相似，他们之间的竞争就越激烈。在多数行业中，根据所采取的主要战略的不同，可将竞争者划分为不同的战略群体。企业要进入某一战略群体，必须注意以下两点：

①进入各个战略群体的难易程度不同；

②当企业决定进入某一战略群体时，首先要明确谁是主要的竞争对手，然后决定自己的竞争战略。

除在同一战略群内存在激烈竞争外，在不同战略群体之间也存在竞争。因为，不同战略群体可能具有相同的目标客户；客户可能分不清不同战略群体的产品差异；属于某个战略群体的企业可能改变战略，进入另一个战略群体。

（4）竞争者的优势及劣势

企业需要估计竞争者的优势及劣势，了解竞争者执行各种既定战略的情报，以及是否达到了预期目标。为了正确估计竞争者的优势及劣势，企业需要收集过去几年中关于竞争者的情报和数据。

（5）竞争者的潜在能力

潜在能力分析主要涉及产品、销售渠道、营销方式、服务运作、研究开发、总成本、财务实力、组织结构、管理能力、业务组合、核心能力、成长能力、快速反应能力、应变能力及持久能力等。

6)判断竞争者的市场反应

竞争者的目标、战略、优势和劣势决定了他对市场竞争战略的反应。为了准确估计竞争的反应及可能采取的行动,营销管理者还要深入了解竞争者的思想和理念。当企业采取某些挑战性的措施和行动之后,不同的竞争者会有不同的反应。

(1)从容不迫竞争者

一些竞争者反映不强烈,行动迟缓,其原因是客户认为是自己的服务;也有重视不够,没有发现对手的新措施;还可能是因缺乏资金,无法作出相应的反应。

(2)选择型竞争者

一些竞争者会在某些方面反映强烈,如对降价竞销总是强烈反应,但对其他方面(如增加广告预算、加强促销活动等)都不予理会,因为他们认为这对自己威胁不大。

(3)强劲型竞争者

一些竞争者对任何方面的进攻都会作出强烈的反应。一般表现为当市场领先者一旦受到市场挑战者的进攻时,前者就会迅速发动全面猛烈的反击。

(4)随机型竞争者

有些企业的反应模式难以捉摸,它们在特定场合采取也可能不采取行动,并且无法预料他们将会采取什么行动。

在物流营销活动中,只要物流企业密切注视国际、国内竞争的新动向、新信息,积极客观地进行竞争者分析,扬长避短,掌握竞争的主动权,就能取得成功。

2.1.4　课堂案例分析

案例1

品牌优势助物流企业揽新业务

2008年3月12日,上海世博局与中国对外贸易运输(集团)总公司签约,中国外运集团正式成为中国2010上海世博会指定物流服务商。按计划,上海世博会将在物流行业遴选2～3家企业成为本届世博会指定物流服务商,中国外运成为首家洽谈成功的物流项目赞助商。

是什么原因促使上海世博局选择中国外运呢?

中国外运曾担任第十一届亚运会货运总代理、中国奥委会高级赞助商、1999

年昆明世界园艺博览会组委会指定运输与物流总代理、2001年北京世界大学生运动会运输与物流总代理,在上海先后为2005年上海F1大奖赛、2005年V8超级房车上海大奖赛提供了物流总代理服务。

[案例思考]

中国对外贸易运输(集团)总公司凭借什么优势取得上海世博会指定物流服务商资格?

[提示]

上述案例中列举的一系列实绩表现,建立了中国对外贸易运输(集团)总公司的品牌形象,为公司赢得了一定的知名度和美誉度,成为公司赢得新业务的有力保障。

案例2

物流老手遭遇挫折

被摩根士坦利评为"中国最具价值的第三方物流企业"的宝供物流,当年因为与外资客户宝洁公司签下了合同物流业务,宝供从一家传统储运企业转变为提供一体化物流服务的专业公司,并建立起全国的干线运输网络。随后的一段时间里,因为其相对运行良好的信息系统和全国网络,宝供将联合利华、安利等一批大单纳入囊中,这些业务在随后几年都被认为是国内物流企业能拿到的最肥的单子。

虽然通过自身商业模式的不断创新跟联合利华等大的企业建立了合作关系,但企业发展中也会存在"成长的烦恼":宝供与客户联合利华之间的粘度并不强,客户总是优先考虑可以提供更低价格的供应商;而宝供大批高管相继跳槽至新公司,也使得其先进模式被迅速复制出去。原来的老客户被新进来的外资公司"抢单"现象普遍,如林孚克斯和DHL从宝供手里抢走联合利华北方区的运输业务。大客户安利,也改变自己的渠道为直销模式,在全国建立了15个物流中心,将核心物流资源都自己管理。原本存在宝供仓库里的货,已大部分转至安利在广州新建的现代物流中心。面对这一系列的变化,加上激励的市场竞争,宝供很快陷入价格战的泥沼,竞争优势被削弱。

遭遇挫折的宝供如何应对如此的竞争环境,是继续与旧部下肉搏?还是去开辟新的市场?宝供的董事长刘武选择继续强化自己的基地网络和客户服务能力,搭建全国配送网络的,与外资企业抗衡。

[案例思考]

宝供物流在竞争中遇到了哪些挫折？他是如何应对的？

[提示]

宝供物流,作为"中国最具价值的第三方物流企业"也会面临着诸多问题,竞争者的增加,大批高管相继跳槽,老客户的离去。企业面对这一系列的环境变化,如何求得生存和发展？逃避肯定不是办法,妥协被动接受现实也等于是死路一条。宝供选择自己的发展战略,继续强化自己的基地网络和客户服务能力,搭建全国配送网络,与外资企业抗衡。

2.2 物流市场调查

2.2.1 物流市场调查的作用和内容

物流市场调查是指用科学的方法和客观的态度,以物流市场和市场营销中的各种问题为研究对象,有效地搜集、整理和分析各种有关的信息,从而掌握物流营销市场的历史和现状,以便为物流企业的预测和决策提供基础性数据和资料。

1)物流市场调查的作用

作为微观经济活动的主体,物流企业必须以市场为导向,通过满足市场需求来谋求自身的生存和发展。这就是说,只有充分了解和把握自身、物流客户和竞争同行的市场现状及发展趋势,才有可能选择和确定有效的营销策略。对任何营销活动而言,市场调查都是一项基础工作,从根本上决定着营销活动的质量和水平,因此,市场调查在企业的整个预测和经营决策中无疑起着基础性的作用。

为了使客户得到高品质的服务和最大限度的满意,物流企业每做一个决定都需要进行广泛的调查,好的物流服务和好的物流营销计划需要以全面的对客户的需求了解为前提。物流企业还需要了解有关竞争者、物流服务的公共设施和其他各种市场因素的实际情况。而这些有用的信息的即时获得是通过调查得到的。

物流市场调查是物流营销的起点,是了解物流和认识物流的一种有效手段。物流市场调查在物流营销中的作用表现在以下2个方面:

①有效的物流市场调查能够及时、准确和充分的提供物流市场需求情报,有助于企业分析和研究营销环境状况变化,从而有预见的安排物流市场营销活动,减少决策风险。

②对物流企业营销决策和计划的实施情况进行调查,可以对物流营销决策的得失做出客观的评价并提出正确的建议。

【想一想】

为什么要进行物流市场调查?

2)物流市场调查的内容

物流市场调查的范围涉及物流营销的全过程,因此,物流营销各方面、各环节的情况都可能成为物流营销调查的内容。其主要内容有以下几个方面:

(1)市场资源调查

①市场运营环境调查。即对政治、经济、社会、法律、生态、技术等因素的现状进行调查,研究其对物流及物流营销的影响。如,政治法律环境调查主要了解政府的有关方针政策和国家的法律法规等;经济环境调查主要了解一个国家或地区的经济发展速度、经济结构、国民收入、消费水平、消费结构和资源条件等方面的情况;技术环境调查主要了解科学技术的发展状况;新技术、新工艺、新设备等的应用及普及推广情况。

②物流基础设施装备调查。包括仓储设施、运输车辆、搬运工具、分拣设备等的调查。它们是物流企业提供物流服务的重要技术支撑,也是物流企业了解行业技术水平的一个方面,为自己在这方面的投入提供参考。

③物流从业人员调查。包括从业人员的数量、素质、结构比例、领导构成、人员培训、物流人员需求调查等。

④信息技术资源和需求调查。包括物流市场信息网络、计算机及其辅助设备建设调查、信息技术需求调查、信息技术计划调查、竞争对手信息运用现状的调查等内容。

(2)物流需求调查

物流需求是指一定时期内社会经济活动对生产、流通、消费领域的原材料、成品和半成品、商品以及废旧材料等的配置而产生的对物流在空间、时间方面的具有支付能力的需要,涉及运输、储存、包装、装卸、搬运、流通加工、配送以及与之相关的信息处理等物流活动的诸多方面。物流需求是一种衍生性的需求,社会经济活动是产生物流需求的原因,包括农业生产及产品消费,工业、建筑业生产,工业半成品、产品的消费。从事相关社会经济活动的实体是物流服务的消费者,包括工农业产品的生产者、批发商及零售商、普通消费者等。物流需求调查就是针对物流市场需求情况展开的调查活动。物流需求调查主要包括:

①市场容量调查。包括物流市场消费结构变化的情况,消费量和分布情况、潜在客户情况调查等。

②物流需求特点的调查。分析和了解不同客户的消费偏好和差异,需求的时间和季节性,需求的周期性变化等。

③市场需求变化趋势的调查。从客户需求变化的特点,找出其变化的趋势,为企业的预测和决策提供依据。

（3）物流客户资源调查

①主要客户数量、行业分布、区域分布、稳定性、亲和度和主要客户的发展计划等内容的调查。

②主要拥有的未来物流需求、客户市场的基本结构和特征,这些客户信息可以帮助第三方物流营销者进行状况分析并制定目标市场战略。

（4）营销因素调查

营销因素调查包括物流服务需求调查、物流服务的价格调查、物流服务的分销渠道调查和物流服务的促销调查等。

①物流服务需求调查。主要是了解物流企业服务的对象。物流服务是否推出新的服务方式,是否具有观念上的先进性和代表性,是否填补了服务领域的空白还是旧的服务方式的升级换代。

主要调查市场同类服务的数量、性能、价格等以及物流服务购买者对服务的认识、建议等。

②服务价格调查。主要是针对服务企业的价格策略、物流服务需求的价格弹性、替代服务价格、互补服务价格、竞争者价格策略等进行的调查以及服务成本及其变动情况调查。

③分销渠道调查。主要是了解物流企业销售渠道的结构和覆盖范围、客户对物流服务的满意程度、物流主要功能中的运输和仓储情况等进行调查。

④促销的调查。包括物流购买者习惯通过什么渠道了解物流信息,竞争企业的促销费用、人员推销、广告、宣传、推广的效果、社会公众对企业公关活动的反映,等等。

（5）物流流量和流向调查

①库存物品的入出库数量、主要仓储方式。

②承运物品的运量、主要运输方式。

③物品资源的离散程度。

④物品流向、流通过程所覆盖的区域。

（6）竞争情报调查和收集

①竞争者现有物流资源和现有的客户资源。

②竞争者物流营销计划。

3）物流市场调查的类型

（1）探测性调查

这种调查是物流企业对所研究的物流市场需求情况缺乏认识甚至很不了解，为明确其范围、性质、原因等而进行的调查。探测性调查有助于认识问题和界定问题，以便确定调查的重点和方向。

如，物流企业的客户下降，是什么原因造成的呢？是服务质量不高？还是服务的价格太高？是物流服务的渠道不畅？还是促销不力？还是竞争者采取了新的策略？诸如此类。为了弄清到底是什么原因，就可用探测性调查法去寻找最可能和最重要的原因，以确定研究问题的方向。

探测性调查通常采用一些简便易行的调查方法，如研究手头现有的资料，请教熟悉情况的人士，分析以往的类似案例等。

（2）描述性调查

这种调查就是针对所研究的物流市场需求情况，进行详细的调查，搜集和整理有关的事实，对研究对象的特征作出客观的描述。物流需求调查大多是描述性调查，如调查物流企业客户的年龄结构、收入状况、偏好情况、对本次物流服务的态度，等等。

由于描述性调查一般是针对特定的物流市场需求情况寻找答案，为进一步调查提供基本资料。因此比预测性调查要深入细致得多，它需要制定详细的调查计划和提纲，搜集大量的信息，以求如实、具体地描述调查研究的对象。

（3）因果关系调查

因果关系调查的目的是找出物流市场需求情况之间的因果关系，回答"为什么"。在描述性调查中，人们会发现物流市场需求情况之间相互关联，但描述性调查并不能提示这种关联是怎样形成的，即何者为因，何者为果。为此，需要进行因果关系调查来加以确定。如物流企业提供的服务，即使是同一种服务，有的客户很满意，而有的客户却不满意？某种物流服务的价格与需求量之间的关系，等等，这些都属于因果关系调查的范围。

因果关系调查又可分为定性研究和定量研究两类。定性研究是对物流市场需求及其影响因素之间的因果关系从性质上加以界定，如影响因素是什么？它们是如何影响市场的，各因素的影响程度如何等。而定量研究是在定性研究的基础上，还要进一步测定各种因素相互影响的数量关系。

（4）预测性调查

预测性调查是对物流市场未来变化趋势进行的调查,即在描述性调查和因果关系调查的基础上,对市场可能的变化趋势进行估计和推断。因此,实际上是物流市场调查结果在预测中的应用。预测性调查的方法很多,可以通过综合专家和有经验人士的意见,对事物的发展趋势做出判断,也可以对描述性调查或因果关系调查所获得的资料进行分析和计算,预测未来变化的量值。预测性调查的结果常常被直接用作决策的依据。

上述4种调查类型是相互联系、逐步深入的。探测性调查有助于识别问题和界定问题;描述性调查有助于说明问题;因果关系调查有助于分析问题的原因;预测性调查有助于估计问题的发展趋势,从而为物流企业经营决策提供服务。

2.2.2　物流市场调查的程序

物流市场调查无论采取哪种形式,进行哪方面的调查,都是一次有组织、有计划的行动,都要经过一定的程序和步骤,才能达到预定的目标。物流市场调查的程序应按照调查内容、调查时间、地点、调查的手段、调查的预算以及调查人员的能力及经验等具体分析来确定。一般来说,物流市场调查包括以下5个步骤:

1）确定问题和调查的项目

市场调查的主要目的是通过对市场因素的搜集和分析,找出市场供求或营销存在的问题,研究和探讨解决问题的途径和方法。因此,在准备阶段必须充分搜集企业内外部的有关情报和资料,进行初步的分析,以确定存在的问题和需要调查的项目。然而,由于每个问题都存在许多可以调查的方面,必须找出实质的问题,否则收集信息的成本可能会超过调查得出的结果本身的价值。不仅如此,错误的研究方向必然会导致错误的结论,而错误的结论又会带来错误的措施,从而会给物流企业带来巨大的损失。所以确定问题及调查项目是市场营销研究中最困难的一步,它要求营销调查人员对所研究的问题及其涉及的领域必须十分熟悉。

在这一阶段,物流企业应根据自身的内外部条件、环境变化及经营目标,确定企业在营销活动中的问题。然后,根据这些问题,确定相应的调查项目。调查项目的基本内容包括:为解决这些问题,需要搜集哪些材料和基本数据;在什么地方调查最能代表市场的一般特征;在哪里取得数据以及如何取得;说明获得答案及证实答案的基本原则。

2）制定营销调查计划

明确了目标及需要调查的项目,还需要制订一套完备的市场调查计划,用以确保整个调查活动的顺利开展,通常采用营销计划表的形式来确定整个调查计划活动。

调查计划表主要包括信息来源、调查方法、调查工具、调查方式、调查对象等几方面的内容(如表2.3所示)。

表2.3 调查计划表涉及的内容

项　　目	营销调查内容
信息来源	第一手资料、第二手资料
调查方法	询问法、观察法、实验法、问卷调查法
调查工具	调查表、机械设备
调查方式	全面调查、典型调查、重点调查、个别调查、抽样调查
调查对象	物流市场环境、行业竞争、宏观环境
经费预算	财务平衡
人员培训	调查组织者、调查员

3)收集信息

获得第一手资料的方法有询问法、观察法和实验法等;而第二手资料主要来源于内部资料和外部资料。

第一手资料也称为原始资料。它是调查人员通过对现场实地调查所搜集的资料。如通过询问法、观察法、实验法所了解到竞争者的状况,物流客户的感受、想法和意向。这些资料是直接接触和感受调查对象的产物,也是进行市场调查的直接结果。

第二手资料也称为现有资料。它是经过其他人搜集、记录或已经整理过的资料。它反映已经发生过的客观现象和存在的问题,可以直接或间接为市场调查提供必要的依据。第二手资料包括内部资料和外部资料。

内部资料是指调查企业的各种记录、凭证(包括发票、合同等)、统计表、客户往来函电,以及营销人员提供的情报资料、客户反映的记录等。此外,还包括企业编纂的行情动态、工作情报和工作总结。它们从不同的形式、不同方面记录了调查企业已经发生的情况和问题,可作为研究问题的依据。

外部资料主要有4类:政府主管机关(包括计划、统计、财政、金融、商业等部门)发布的统计资料;同行业、同系统所发行的市场动态、行情信息等;调查机构、资讯机构、广告公司等企业单位发行的商业性刊物;新闻出版单位公开出版的报纸、杂志、图书等。

4）数据分析

市场调查所搜集的大量资料大多是原始的、分散的和片面的，即使是根据特定目的搜集而来的第一手资料，在没有系统整理以前，也是零星的、杂乱的，还不能系统而集中地说明问题，至于第二手资料，原来就是针对各自不同的目的，在不同情况下编辑而成，因而针对性不强。所以要反映市场现象的基本特征，就必须把原始资料进行分类、归纳和整理，升华到理性阶段进行认识才能得出正确结论。

数据分析是市场调查程序中的重要阶段，需要采用相应的数据分析方法，从前期获得的数据中挖掘出调查目的所要求的，并用确定能够得出的调查结果。显然，数据分析一定要围绕着调查目的来进行。选择的分析方法一定要能有效地满足调查目的，并非使用的方法越多越好，或者越难越好。

5）得出结论

这是物流市场营销调查的最后一个步骤，即把调查的结果形成书面报告，并送交有关部门。研究报告是整个营销研究过程的最重要部分，因为研究报告通常是评价整个研究过程工作好坏的唯一标准。不管研究过程的其他各步骤工作如何成功，如果研究报告失败，则将意味着整个研究失败。因为决策者只对反映研究结果的研究报告感兴趣，他们往往通过研究报告来判断整个市场研究工作的优劣并做出决策。因此，研究人员在完成前面的营销研究工作后，必须写出准确无误、优质的研究报告。

报告书的类型通常有2种。其一是专门性报告书，主要包括研究结果纲要、研究目的、研究方法、资料分析、结果与建议、附录（附表、统计方式、测量方法说明等）。另一种是通俗性报告，主要包括研究发现与结果、行动建议、研究目的、研究方法、研究结果及附录等。营销调查报告的书写没有统一的格式，但一般就应当由引言、正文、结论、附件4部分组成。

2.2.3 物流市场调查常用方法

物流市场需求的本源性为物流服务提供了进行市场调查的大好机会。一方面，企业可以收集到有关竞争者、经销商和新老顾客的产品、价格以及市场营销战略等方面的信息，能够迅速、准确地了解国内外行业的发展现状与趋势及新服务方式的推出等，从而为企业制定下一步发展战略提供依据。另一方面，若企业正在考虑推出一种新服务，可以对物流服务需求者进行实地调查，以了解是否与目标市场的需求特征相一致。

物流市场需求调查的方法很多，可根据调查目的、内容、对象、时间以及条件等因素来选择。

1）询问法

询问法就是通过向被调查者询问问题收集资料的一种调查方法。这是物流市场需求调查最常用的方法。

（1）询问法的方式

询问法有不同的方式，主要包括：个人访问、开座谈会、函件通信调查和网上调查4种。

①个人访问。个人访问是指调查者与被调查者面对面的单独交谈方式。这种调查方法具有直观、灵活、真实等有利一面，但它比较费时，调查的范围受到一定的限制。

②开座谈会。开座谈会是指在企业内部搞调查或对部分典型的客户代表搞调查时通常采用的一种方式。座谈会法的特点与个人访问法类似，也具有直观、灵活、真实，调查的范围也受到一定的限制，所不同的是：开座谈会是多个被调查者在一起接受调查，会议的气氛、领导人的语言以及其他被调查者都会不同程度地影响调查的结果，使调查的结果易于失真。所以，调查员不能仅仅以座谈会的记录为调查结论，需要配合其他手段。

③函件通信调查。函件通信调查是指将设计好的问卷邮寄给被调查者，请他们填写后寄回的调查方法。这种方法的优点是不需要调查者亲自到场，只需邮寄函件，节省了调查的人力、物力和财力，调查成本低；调查不受地域的限制，可以扩大调查面。但是，函件的回收率通常较低（通常为50%左右），需要按一定的比例多邮寄问卷，而且，有的被调查者对问卷中的某些问题不理解，不作回答，问卷的空项较多，影响统计的效果。因此，函件通信调查需要设计好调查表，对于某些不容易被理解的内容，附加详细的说明，使被调查者能领会其中的含义；邮件中装有寄回所需的信封和邮票，以显示调查者的谢意和情感；邮件寄出后，尽量与被调查者取得联系，以促使其完成问卷并寄回。

④网上调查。网上调查是一种随着网络发展而兴起的最新调查方式，主要是市场调查者将需要调查的问题系统制作，通过互联网收集资料的一种调查方法。进行网上调查主要有以下3种方法：电子邮件、互动平台和网络调研系统。这种方式具有信息多、资料及时、时效性强、快速、方便和费用低等特点，网络调查还不受时间、地点限制，方便、实用。在企业市场营销信息系统的构建中优势明显。网上调查的不利因素是被调查者身份很难确定，同时可能出现重复填写调查表或填写的内容不真实等情况。网络调查的信息公开度相对较高，一些对企业的不合理抱

怨可能会给企业带来不利影响。尤其当企业网站访问量比较小、客户资料还不够丰富的情况下,不能完全依赖网上调查。比较合理的方式是,根据市场调查的目的和要求,采取网上调查与网下调查相结合、自行调查与专业市场调查咨询公司相结合的方针,以较小的代价获得尽可能可靠的市场调查资料。

(2)问卷的设计

在询问类方法中,邮寄通信调查、网上调查都要采用问卷,个人访问、电话调查也可以采用问卷的形式。因此问卷设计就成为调查前的一项重要准备工作。

问卷要表达出调查者想了解什么,并写出能得到哪些信息的问题就可以了。当然问卷设计是否妥当,直接关系到调查的质量。

①撰写问卷应注意的要点。避免多义性、一般性、引导性、困窘性、假设性的问题。多义性的问题容易使被调查者曲解问题的含义,填写的内容不符合要求;一般性的问题使得调查的结论没有实际意义;引导性的问题在问题的内容或者提问方式上带有某种倾向或暗示,使得被调查者按照该倾向或暗示填写内容,这样,得到的资料就会失真;困窘性问题牵涉个人的隐私,或者有碍声誉,或者不能为社会道德规范、文化习俗、社会舆论接受,被调查者容易违心填写,或者对该调查表产生反感,不予填写;假设性问题不会得到真实的答案,因为,在假设的条件没有出现时,被调查者的思维和行为与假设的条件具备时往往是不一致的,所以,这样的问题得到的答案没有参考价值。

②调查问卷设计的方式。调查问卷所采用的问题,根据调查项目的性质、调查要求,可以分为自由式问题和封闭式问题两大类。

自由式问题是没有拟定答案,被调查者可以自由回答的问题,有利于活跃调查的气氛,有利于获取丰富的资料。但是,自由式问题的答案受被调查者学识的影响很大,受教育程度较高的人往往对事物的评价也较多,而受教育程度较低的人评论相对也较少;自由式问题的答案分散,不容易归类、整理、统计和分析。因此,一份调查问卷不能有太多的自由式问题,设计者可以对重要、核心的问题用自由式提问,并且,每份问卷只设一个或两个自由式问题。

封闭式问题与自由式问题相反,问题的答案是由调查表设计者拟定的,在调查表中,每一个封闭式问题的下面就是该问题的备选答案,被调查者对问题的回答是从备选项答案中选择的。封闭式问题使得被调查者很容易填写表格,同时,答案的范围是确定的,比较集中,易于资料的统计、分析。因此,封闭式问题是调查问卷中经常采用的提问方式。但是,封闭式问题缺乏被调查者的自主性表达,有些问题的选择范围较窄,使得被调查者无法作出最佳选择。为了克服这一缺点,应该在一些问题的答案中设"其他"这一答案,并且,在正式调查前,可以在较小的范围内进行试验性调查,如果发现调查表中(如表2.4)某些问题或答案不妥,就作适当的更改,然后,再进行正式调查。

表2.4　物流需求调查表

一、调查目的
二、调查对象
三、调查时间
四、有关调查问卷说明 1.本次调查真诚邀请您或贵公司根据实际物流需求发表您的看法和观点 2.答案无对错之分,如果您不明确某个问题的具体意思,可以跳过该题 3.调查问卷绝对保密 ……
五、调查内容 1.您需要的物流服务内容: (1)生产商原材料供应　　　　(2)零售商的配送业务 (3)消费者的直接物流需求　　(4)网上销售的物流配送 2.您需要的主要运输方式: (1)公路　(2)铁路　(3)水路　(4)航空　(5)管道 3.您最看重的物流服务品质 (1)安全性　(2)时间性　(3)经济性　(4)舒适性　(5)及时性　(6)长期合作　(7)综合性 ……
六、结束语

调查后针对收集的调查资料往往会进行统计分析,制成各种图表,如图2.1所示。

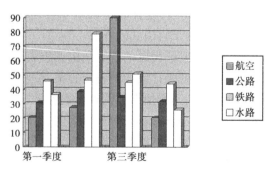

图2.1　不同季度对不同运输方式需求统计图

2）观察法

观察法是指调查者身临调查现场进行实地观察,在被调查者毫无察觉的情况下,对其行为、反应做调查或统计的一种方法。观察法包括直接观察法、亲身经历法、实际痕迹测量法和行为纪录法4种不同的形式。直接观察法是指调查人员直接到现场观察。亲身经历法是指调查人员以当事人的身份,实地体验、观察,以了解真实情况。实际痕迹测量法是指通过设顾客意见簿、用户要求联系簿或广告附回条等方式,了解顾客对企业、产品和服务的看法。行为记录法是指通过将仪器(录音机、录像机、照相机)装在现场,如实地记录被观察者的行为的方法。

观察法的特点是:使被调查者察觉不到正在被调查,或者被调查者并不介意自己的行为受到调查人员的观察。其优点是得到的第一手资料比较真实可靠,缺点是不能了解被调查者的心理状态,调查面较窄,花费时间较长。

3）实验法

实验法是指将调查范围缩小到一个比较小的规模上,进行试验后取得一定结果,然后再推断出总体可能的结果。

实验法在操作时通常是选择几组调查对象,对不同的组施加不同的影响,控制相关的变量,最后检查各组反应的差异,来获得数据的一种调查方法。如调查客户对物流服务的品质的排序中,可选定一组同行业的客户作为调查对象,对他们进行不同服务品质改变的实验,看客户对服务的需求量变动情况,就可以看出该行业客户对哪一种服务品质的改变反应最明显,从而用数量的变化来得到准确的信息。实验法是研究因果关系的一种重要方法。

4）抽样法

抽样调查是指从需要调查的对象总体中,抽取出若干个体(即样本)进行调查,根据调查的情况推断总体特征的一种调查方法。物流企业的调查通常是在局部范围内展开的,采用的是抽样调查的方法。

抽样法包括随机抽样和非随机抽样。随机抽样是指调查对象总体中每个个体被抽取为样本的机会都是均等的抽样法,包括简单随机抽样、分层抽样、分群抽样和等距抽样4种形式。非随机抽样是指调查对象总体中每个个体被抽取为样本的机会不是均等的抽样法,包括任意抽样、判断抽样和配额抽样3种形式。在物流营销调查中最简单的抽样法有随机抽样、分层抽样和分群抽样。

①简单随机抽样。简单随机抽样,也叫纯随机抽样。是指从总体中不加任何分组、划类、排队等,完全随机地抽取调查单位。特点是:每个样本单位被抽中的概

率相等,样本的每个单位完全独立,彼此间无一定的关联性和排斥性。简单随机抽样是其他各种抽样形式的基础。通常只是在总体单位之间差异程度较小和数目较少时,才采用这种方法。

②分层抽样。又称分类抽样或类型抽样,它是指将总体单位按其属性特征分成若干类型或层,然后在类型或层中随机抽取样本单位。特点是:由于通过划类分层,增大了各类型中单位间的共同性,容易抽出具有代表性的调查样本。该方法适用于总体情况复杂,各单位之间差异较大,单位较多的情况。

③分群抽样。它是指将总体按一定特征分成若干群体,然后从中随机抽取一个样本数,再从这个样本群中随机抽取样本。分群抽样适用于总体所含个体数量庞大而且比较分散的情况。当调查对象数量庞大且混乱、难以按一定标准分层时,就只能按地区等特征进行分群。随机抽样是将部分作为样本。分群抽样与分层抽样是有区别的:分群抽样是将样本总体划分为若干不同群体,这些群体间的性质相同,然后将每个群体进行随机抽样,这样每个群体内部存在性质不同的样本;而分层抽样是将样本总体划分为几大类,这几大类间是有差别的,而每一类则是由性质相同的样本构成的。

2.3 物流市场预测

2.3.1 物流市场预测的含义和特点

预测就是根据过去和现在的已知因素,运用人们的知识、经验和科学方法,对未来进行预计,并推测事物未来的发展趋势。

物流市场预测就是指物流企业根据历史统计资料和市场调查获得的市场信息,对市场供求变化等进行细致的分析研究,运用科学的方法或技术,对市场营销活动及其影响因素的未来发展状况和变化趋势进行预计和推测。

市场预测是市场调查的继续和发展,是市场营销决策的基础和前提,也是计划和决策的重要组成部分,市场营销预测可分为物流企业制定营销战略和营销策略提供可靠的依据。物流企业在市场调查的基础上,通过准确的市场预测,就能够了解市场的总体动态和各种营销环境因素的变化趋势。市场营销预测是提高企业竞争能力的重要手段。物流企业要想在市场竞争中占据有利地位,必须在产品、价格、分销渠道、促销方式等方面制定有效的营销策略。但有效营销策略的制定取决于在相关方面的准确预测,即只有通过准确的市场预测,物流企业才能把握市场机会,确定目标市场和相应的价格策略、销售渠道策略、促销策略等,从而使物流企业扬长避短,挖掘潜力适应市场变化,提高竞争力和应变力。

2.3.2　物流市场预测的程序

为保证市场营销预测工作顺利进行,必须有组织有计划地安排其工作进程,以期取得应有的成效。无论哪一种类型的预测,采取什么样的预测方法,其程序基本是相同的,预测程序主要包括 6 个步骤。

1)确定预测目的,制定预测计划

这是市场营销预测首先要解决的问题。确定预测目的,就是从决策与管理的需要出发,紧密联系实际需要与可能,确定预测要解决的问题。预测计划是根据预测目的制定的预测方案,包括预测的内容、项目、预测所需要的资料,准备选用的方法,预测的进程和完成时间,编制预测的预算,调配力量,组织实施等。

2)搜集、审核和整理资料

数据资料是进行市场营销预测的重要依据,因此要根据预测目标的要求,调查、收集与预测对象有关的和当前的数据资料,掌握事物发展的过去和现状。只有根据调查提供的资料数据,才能对市场、技术等发展趋势做出科学的预测。一般而言,反映本企业外部搜集到的统计资料和经济信息,如政府统计部门公开发表和未公开发表的统计资料、兄弟单位之间定期交换的经济活动资料、报纸杂志上发表的资料、科学研究人员的调查研究报告以及国外有关的经济信息和市场商情资料等属于外部资料。在搜集资料时,所收集的资料尽可能以数据形式出现。既要重视原始资料的收集,又要学会利用二手资料;既要收集与预测对象直接因素相关的资料,还要注意收集会对预测对象未来产生重大影响的间接因素的资料,如政治法律、科学技术和社会文化等方面的资料。

为了保证资料的准确性,要对资料进行必要的审核和整理。资料的审核,主要是审核来源是否可靠、准确和齐备,资料是否可比。资料的可比性包括:资料的时间间隔、内容范围、计算方法、计量单位和计算价格上是否保持前后一致。如有不同,应进行调整,使其一致才是可比的。资料的整理主要包括:对不准确的资料进行查证核实和删除;对不可比的资料调整为可比;对短缺的资料进行估计推算;对总体的资料进行必要的分类组合。

3)选择预测方法

市场营销预测方法很多,有定量的,有定性的;有的适用于短期预测,有的适合于中长期预测;有的需要以大量的数据为基础,有的则依赖个人的经验和知识。预测方法选择得是否恰当、正确,对于预测的准确性有很大影响。因此,应根据预测

项目的不同,选择不同的、适当的预测模型。物流企业常常采用定量和定性的方法同时进行预测,或以多种方法相互比较印证,这样可以提高预测结果的准确性。

4)进行预测

在选择预测方法以后,即可进行预测。如果是定性预测,就要把相关的资料和问题交给预测人员进行分析和预测;若采用定量预测方法,就要将收集到的数据输入模型,进行运算并求出结果。由于存在随机性,还要对预测结果设置一定的置信区间。

5)分析、评价预测结果

对于得出的初步预测结果要进行分析和评价。评价中经常采用的方法是将定量预测与定性预测的一般性结论进行对照,检查其合理性和可信度,估计预测值的误差。如果误差较大,还要考虑采用别的预测方法和数学模型。

6)写出预测报告

预测报告要准确记载预测目的、预测方法和参数、资料分析过程、最后结果以及建议等内容,做到数据充分,论证可靠、建议可行。预测报告也是对每一次预测工作的总结,在总结中认真分析不足,找出经验,以便于提高预测者的预测水平。

2.3.3 物流市场预测方法

据统计,现在的各类预测方法多达数百种。但从总体上,这些方法可分为3类:定性法、历史映射法和因果法。每一类预测方法产生的逻辑基础不同(历史数据、专家意见或调查),对长期和短期预测的相对准确性不同,定量分析的复杂程度不同。

1)定性法

定性法是指利用判断、直觉、调查或比较分析对未来做出定性估计的方法。影响预测的相关信息通常是非量化的、模糊的、主观的。历史数据或者没有,或者与当前的预测相关程度很低。这些方法的不科学性使得他们很难标准化,准确性有待证实。但是,当我们试图预测某种新服务成功与否,政府政策是否变动或新技术的影响时,定性法可能是唯一方法。中期到长期的预测更多选用此方法。

（1）专家会议法

专家会议法又称头脑风暴法。它曾经是在一个时期里使用得最多的一种预测方法。该方法的基础是假设几个专家能够比一个人预测得更好。预测时没有秘密,且鼓励沟通。有时候,预测会受社会因素的影响,不能反映真正的一致意见。这种方法的特点是采用开调查会的方式,将有关专家召集在一起,向他们提出要预测的题目,让他们通过讨论做出判断。这种方法有它的优点和不足,优点包括效率高,费用较低,一般能很快取得一定的结论。其不足就是由于大家面对面的讨论,使一些与会者常常因迷信权威而不能讲出自己的观点,这很可能会使一些更好的想法被遗漏或被忽视。此外,若每一位专家都固执己见,不肯放弃自己的观点,难以统一意见,也会导致效率降低。

（2）德尔菲法

鉴于传统的专家会议法的局限性,在20世纪40年代由美国的兰德公司发展了一种新型的专家预测方法,即德尔菲法,所谓专家预测法通常特指德尔菲法。

德尔菲法的特点是以一定顺序的问卷询问一组专家,对一份问卷的回答将用来制作下一个问卷。这样,仅由某些专家掌握的任何信息都会传递给其他专家,使得所有专家都掌握所有的预测信息。该方法剔除掉了跟随多数意见的跟风效应。

（3）销售人员意见法

销售人员意见法就是指预测者召集有经验的销售人员对客户的购买量、市场供求变化的趋势、竞争对手动向等问题进行预测,然后将预测结果进行综合的预测方法。由于销售人员常年与客户打交道,因此他们对市场需求以及竞争情况往往有比较清楚的了解,尤其对自己负责的销售范围内的情况更熟悉,利用他们的经验对市场未来的发展趋势进行预测,可能会有更准确的结果。这种方法的优点是简便易行,节省时间和费用,效率较高。但销售人员对市场走向的预测容易受个人对市场偏见以及主观因素的影响:一是往往受近期销售成败的影响而过于乐观或悲观;二是对企业营销整体情况以及经济社会发展大环境的把握不够而使其显得片面;三是为了使上级制定较低的任务定额,还可能有隐瞒实情的情况。由于受以上不利因素的影响,预测结果往往出现偏差,因此必须给予一定的修正。

尽管销售人员意见法有许多不足,但仍被企业使用。在服务价格、需求量、市场变化趋势以及竞争对手动向等方面进行预测时,将此法配合于其他方法,可使预测结果更准确。

（4）管理人员预测法

管理人员预测法有两种形式:一是管理人员根据自己的知识、经验和已掌握的信息,凭借逻辑推理或直觉进行预测;另一种形式是高级管理者召集下级有关管理人员举行会议,听取他们对预测问题的看法。在此基础上,高级管理人员对大家提出的意见进行综合、分析,然后依据自己的判断得出预测结果。

管理人员预测法在物流企业管理工作中应用非常广泛。此法简单易行,对时间和费用的要求较少,若能发挥管理人员的集体智慧,预测结果也有一定的可靠性。日常性的预测大家可以采用这种方法进行。但由于此方法过于依赖管理人员的主观判断,极易受管理人员的知识、经验和主观因素影响,若使用不当,易造成重大决策失误。

(5)群众评议法

这种方法是发扬民主管理的一种形式。不同的人由于知识、经验、岗位等的不同,使他们对问题的认识千差万别,也各有千秋。群众评议法就是要将预测的问题告知有关的人员、部门,甚至间接相关的人员、部门或者客户,请他们根据自己所掌握的资料和经验发表意见,然后将大家的意见综合起来。但因所预测的问题往往与他们息息相关,所以更能激发他们的积极性,并经常能从他们那里得到一些真知灼见。群众评议法的最大优点就是做到最大限度的集思广益。

2)历史映射法

如果拥有相当数量的历史数据,时间序列的趋势和季节性变化稳定、明确,那么将这些数据映射到未来将是有效的短期预测方法。该方法的基本前提就是未来的时间模式将会重复过去,至少大部分重复过去的模式。时序序列定量的特点是使数学和统计模型成为主要的预测工具。如果预测时间的跨度小于 6 个月,通常准确性很好,这些模型之所以好用仅仅是因为短期内时间序列的内在稳定性。

随着新数据的获得,这类模型可以跟踪变化,因此他们可以随趋势和季节性模式的变化而调整。但是如果变化急剧,那么模型只有在变化发生之后才会呈现出来。正因为如此,人们认为这些模型是映射滞后时间序列的根本性变化,很难在转折点出现之前发出信号。如果预测是短期的,那么这一局限性并不严重,除非变化特别剧烈。

小资料

什么是映射?

对于两个集合 A、B,如果 A 中的每个元素在对应法则的作用下都可以在 B 中找到与它对应的元素,就叫映射。

历史映射法中,应用比较广泛的方法有算术平均法、加权平均法、移动平均法、指数平滑法、最小二乘法等。

3）因果法

因果预测模型的基本提前就是预测变量的水平取决于其他相关变量的水平。例如，如果已知客户服务对销售有积极影响，那么根据已知的客户服务水平就可以推算出销售水平。我们可以说服务和销售是"因果"关系。只要能够准确地描述因果关系，因果模型在预测时间序列主要变化、进行中长期预测时就会非常准确。

因果法通过因果图表现出来。因果图又称特性要因图、鱼刺图或石川图，它是1953年在日本川琦制铁公司，由质量管理专家石川馨最早使用的，是为了寻找产生某种质量问题的原因，发动大家谈看法，做分析，将群众的意见反映在一张图上，就是因果图。用此图分析产生问题的原因，便于集思广益。因为这种图反映的因果关系直观、醒目、条例分明，用起来比较方便，效果好，所以得到了许多企业的重视。

按事物之间的因果关系，知因测果或倒果查因。因果预测分析是整个预测分析的基础。

因果分析法（技术）运用于项目管理中，就是以结果作为特性，以原因作为因素，逐步深入研究和讨论项目目前存在问题的方法。因果法的可交付成果就是因果分析图。

2.3.4　课堂案例分析

奥运物流需求预测

北方交通大学经济管理学院汝宜红教授等人运用历史引申原理先由前几届奥运会的人员规模推测2008年北京奥运会的参会人员规模，再根据因果效应原理、人员规模与物流需求分析指针的函数关系对北京奥运会的需求总量进行了预测。他们认为，与2008年直接相关的物流需求量为417.2亿元；间接相关的商品物理需求量为4.91亿元；直接相关的废弃物物流需求量10.8亿元。三项相加，预计2008年北京奥运会有关的商品、废弃物的物流需求总量约为432亿元。

据北京奥运物流体系规划研究课题组组长、北方交通大学经济管理学院张文杰教授对2008年北京奥运会的物流需求定量预测的数据显示：第一，为了及时快速地迎接各国代表团的到达，应该至少提供1 100个车次的接运车辆，来接运他们的私人器械和旅行包。第二，北京奥运会总的运输量至少是7 500吨，主场馆的储存面积至少是1万~1.5万平方米，提供的特殊场馆像皮划艇、赛艇分场馆至少提供1万平方米的面积。第三，北京奥运会各个运动场馆至少需要提供1 200万人次的用餐，平均每天要提供大约40万人次的用餐。第四，奥运村每天要消耗大约100

吨的食品。第五,奥运会期间,北京至少有25万左右的国外游客和75万左右的国内游客,大约100万人。为国外游客提供的旅游服务、旅游观光,能够引发3 500万美元的餐饮和购物消费。每天要为这些游客提供450吨的食物和10万吨的生活用品。最后,整个奥运会期间在奥运村所产生的固体废物垃圾,每天是30吨,这期间有600~900吨的废弃物需要处理,等等。

[案例思考]

为什么要在奥运会开始前对奥运物流的需求进行预测?

[提示]

由以上这些预测的数据,可见奥运物流的需求是非常庞大的,量是巨大的,而且它还有突发性,还有一些不确定性。这要求为奥运提供服务的供应商或者参与奥运服务的物流公司必须高效、安全、即时、可靠,提供高质量的物流服务才能保证奥运会的顺利开展。

2.4   物流营销战略 SWOT 分析

SWOT 是指 Strengths-Weaknesses-Opportunities-Threats 的简称,中文是指优势—劣势—机会—威胁。SWOT 分析的核心思想是指通过对物流服务的外部环境和内部条件的分析,明确物流服务可以利用的机会和可能面临的风险,并将这些机会和风险与服务的优势与劣势结合起来,形成物流服务管理的不同战略措施。

任何一项物流服务都会同时受到外部环境和内部因素的影响,外部环境因素对物流服务的影响属于不可控的因素,而内部因素是易于掌握和控制的因素,因此,物流服务就要特别重视对外部环境难以控制的特点,采取一系列的应变措施。

2.4.1   SWOT 分析的基本步骤

1)分析物流服务的内部优势和劣势

针对物流企业每一个具体的物流服务内容来说,就要分析内部的优势和劣势,重要的是找出对物流服务具有关键性影响的优势和劣势,做到心中有数。

2)分析物流企业服务面临的外部机会和威胁

由于物流服务面临的外部环境是不断变化的,物流服务管理者应该抓住机会,回避风险。

3)将外部的机会和威胁与物流企业内部的优势和劣势进行匹配,形成可行的备选战略

战略的选择就是针对外部的机会和威胁与物流服务内部的优势和劣势进行全面分析,对各种可能的配对组合进行罗列,这样就可以利用图、表格等手段来制定出各种备选方案。如表2.5所示。

表2.5 物流服务项目的SWOT分析

外部影响 内部因素	机 会	威 胁
优势	最大成功的可能性	需要防范的活动
劣势	大力加紧弥补缺陷	最小成功的可能性

2.4.2 物流企业营销不同战略措施决策

运用SWOT时时分析物流企业的处境是一种常用的做法,因为市场环境总是在不断的变化的,物流企业只有处处表现出积极的措施才会生存,运用SWOT分析方法可以不断地发现市场的变化,可以更快的适应市场(如图2.2)。

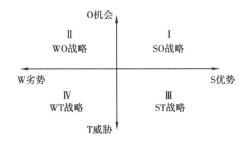

图2.2 企业营销与SWOT分析图

在完成SWOT分析步骤后,就要对分析的情况进行战略决策。充分利用上面制定的表格形成的不同组合来采取不同的战略措施。

1)优势-机会(SO)组合战略

这是一种既能利用外部机会又发挥物流企业内部优势的策略。当企业内部具有特定方面的优势,而外部环境又为发挥这种优势提供有利机会时,可以采取这种组合策略。这是一种进攻的营销策略。企业可以凭借自己的优势乘着东风,迅速拓展自己的市场份额,如通过合并、收购、兼并等方式进攻物流市场。当前的物流

行业可以说具备外部的机会,各地方政府都在大力扶持物流行业的发展,只要企业具备市场需求的类似物流服务的经验,有可利用空间和人力资源;服务形式新颖,灵活多样,在竞争者不够强时就都可以运用此种战略。

2)劣势-机会(WO)组合战略

这是一种充分利用外部机会来弥补内部弱点,使物流企业改变劣势而获得优势的战略。当外部存在一些机会时,而物流企业目前的状况又限制了它利用这些机会时,可采取此战略,利用外部机会克服内部弱点,就是趋利避害。如某项物流服务管理者没有类似物流活动的管理经验,也没有足够的时间准备和人力资源,管理人员没有就此需求接受充分培训;但服务属于市场急需,就得在条件不成熟时立即提供市场需要的服务,此时尚没有竞争者,也受地区行业支持等。任何一种创新的服务方式都是市场需求催生的结果。

3)优势-威胁(ST)组合战略

这是一种利用物流企业的优势来回避或减轻外部威胁的影响。外部威胁可能来自外部环境的变化,也可能来自竞争对手。此时,企业要善于采用迂回的策略,扬己之长,避己之短。如具备类似活动经验、有可利用的空间和人力资源;但存在强有力的竞争者,行为因此受到一定的限制。

4)劣势-威胁组合战略

这是一种旨在减少内部劣势的同时,回避外部环境威胁的防御性技术。企业要审时度势,及时调整自己的业务和结构,该转行就转行,该合作就合作,该倒闭就倒闭,该调整就调整,以期避免更大的损失。

【做一做】

一、经典案例阅读

UPS公司圆满完成奥运会物流与快递服务

北京奥运会期间,美国联合包裹公司(UPS)作为物流与快递服务赞助商,负责指定场馆、奥林匹克公园、运动员村和媒体村的快递和物流服务。该公司采取多种措施,为盛会的顺利进行提供每周7天、每天24小时不间断的物流与快递服务,奥运期间递送货物总量达到1 900万余件,特别是出色完成了竞赛器材的运送以及高时效要求的影像胶片和感光材料的递送任务。UPS 公司负责运营北京奥运会物流的"中央枢纽"——奥运物流中心(OLC),对所有竞赛场馆、非竞赛场馆及训练场馆物资入库和出库进行仓储、库存管理和递送服务。截至 8 月 28 日,共为比赛场馆处理了 109 600 立方米的货件,为运动员村处理 58 500 立方米的货物,递送约 8 万件运动员行李。在高峰期,公司为服务奥运专门投入 217 辆卡车和包裹递送货车,递送的最大货物为 58.75 立方米的船艇架。在涉奥快件服务方面,UPS 公司共投入 24 名专职司机和 19 辆快递车辆,为 39 个竞赛与非竞赛场馆派送进口快件 782 件、本地快件出口 2 652 件,派送奖牌盒 7 015 件,运送磁盘 26 件。

此外,UPS 公司还通过分布在欧洲的 4 个枢纽点,共为 61 个国家的奥组委递送了 254 艘皮划艇和赛艇。

UPS 凭借哪些条件完成奥运会物流与快递服务呢?

UPS 是一家大型的国际快递公司,它除了自身拥有几百架货物运输飞机之外,还租用了几百架货物运输飞机,每天运输量达 1 000 多件。UPS 在全世界建立了 10 多个航空运输的中转中心,在 200 多个国家和地区建立了几万个快递中心。UPS 公司的员工达到几十万,年营业额可达到几百亿美元,在世界快递公司中享有较高的声誉。UPS 公司是从事信函、文件及包裹快速传递业务的公司。它在世界各国和地区均取得了进出的航空权。在中国,它建立了许多快递中心。公司充分利用高科技手段,做到迅速安全,使物流服务内容广泛,形象完美。

为了更好地为奥运服务,UPS 在北京顺义空港物流基地设置了一个占地约 21 万平方米的物流中心,它是 UPS 为北京奥组委提供场馆物流与快递服务的第一个项目。该中心将为北京举办 2008 年奥运会期间的所有 50 多个竞赛场馆和非竞赛场馆以及众多训练场馆提供物流服务。

为了很好地完成北京奥运会的物流任务,UPS 调查了北京所有的交通路线状况,红绿灯的数量,甚至路面上的坑洼都在 UPS 掌握之中,对突发事件 UPS 也制定了详尽的应急预案。2006 年 9 月,UPS 已成功地为第十一届女子垒球世锦赛提供了专业优质的场馆物流服务,帮助女垒世锦赛将十多万立方米的货件物资进行了有效的管理。

从 2007 年 7 月到 2008 年 6 月北京陆续举办了 42 项"好运北京"体育赛事,UPS 协助北京奥组委物流指挥中心进行物流计划的编制、协调和实施,配合北京奥运会各个系统的运行进行全面合成演练。每一场演练 UPS 都严格按照北京奥组委的要求,切实保障"预演"在北京的顺利进行,为成功举办 2008 年北京奥运会争取更多实践经验,奠定更加坚实的基础。

[案例思考]

1. UPS 公司圆满完成奥运会物流与快递服务有哪些优势?
2. UPS 公司如何利用环境因素来发挥自身优势的?

二、实训活动

◎内容

我国农产品物流现状调查。

◎ 目的

从我国农产品物流现状调查中,认清我国农产品物流中存在的问题,并分析解决之道,寻找我国农产品物流的市场营销机会,物流企业从营销的角度把握这一机遇所要做的工作。

◎ 人员

1. 实训指导:任课老师
2. 实训编组:学生按 8 ~ 10 人分成若干组,每组选组长及记录员各一人。

◎时间

3 ~ 5 天。

◎ 步骤

1. 先弄清农产品物流的内容。
2. 根据农产品物流包括的内容,分别就每一种农产品物流展开调查。
3. 调查每种农产品物流的现状,发现合理的和亟待解决的问题。
4. 分组查看调查记录,并根据所学的内容加以分析。
5. 撰写调查报告。
6. 实训小结。

◎ 要求

利用业余时间,根据具体情况选择有一定代表性的农产品进行调查,了解农产品物流的特点,物流经过的环节,分析其合理与不合理的地方。通过与工业品物流作业规程的比较分析中提出解决农产品物流中不合理的地方,从而发现营销机会并会利用这种机会。

◎ 认识

作为未来物流企业员工,对每一种物品的物流都应该给予职业的关注,并习惯性地去思考是否存在营销的机会,如何抓住这种机会。

【任务回顾】

通过对本章的学习,使我们初步认识到物流企业的营销活动都是在一定的环境中进行的,要了解这种环境中对物流企业有利的方面和不利的方面,为企业营销战略的建立提供基础性数据和资料;学会了物流营销活动的开展是基于市场调查和预测的基础上进行的,掌握了这些方法的技巧,为顺利进行物流营销活动打开局面。

【名词速查】

1. 物流营销环境

物流营销环境是指与物流营销活动有关的、影响企业生存和发展的各种内外界条件和因素的总和。它可以分为外部环境与内部环境两部分。

2. 政治环境

政治环境是指物流企业所在国以及主要目标顾客所在国双方的政治制度、政治体制、对外政策、国际政治环境、居民的政治文化心理以及两国之间的政治关系。

3. 物流营销中介

物流营销中介是指协助物流企业把物品从供应地运送到接收地的活动过程中所涉及的所有中间机构,包括各类中间商和营销服务机构。

4. 物流供应者

物流供应者是指从事物流活动和业务所必需的各种资源和服务产品的供给者。

5. 公众

公众是指那些会给物流企业实现其营销目标构成实际或潜在影响的任何团体,包括金融公众、媒体公众、政府机构公众、企业内公众、社会一般公众和压力集团等。

6. 物流企业客户分析

物流企业客户分析是指物流企业通过各种渠道获取客户相关信息,综合运用多种方法,充分了解客户需求,把握客户特点,为客户提供满意甚至超值服务的同时完成既定目标。

7. 竞争者

竞争者一般是指那些与本企业提供的产品或服务相类似,并且所服务的目标客户也相似的其他企业。

8. 替代服务

替代服务是指同样的业务采用成本较低的方案完成任务。

9. 物流市场调查

物流市场调查是指用科学的方法和客观的态度,以物流市场和市场营销中的各种问题为研究对象,有效地搜集、整理和分析各种有关的信息,从而掌握物流营销市场的历史和现状,以便为物流企业的预测和决策提供基础性数据和资料。

10. 物流需求

物流需求是指一定时期内社会经济活动对生产、流通、消费领域的原材料、成品和半成品、商品以及废旧材料等的配置而产生的对物流在空间、时间方面的具有支付能力的需要,涉及运输、储存、包装、装卸、搬运、流通加工、配送以及与之相关的信息处理等物流活动的诸多方面。

11. 内部资料

内部资料是指调查企业的各种记录、凭证(包括发票、合同等)、统计表、客户往来函电,以及营销人员提供的情报资料、客户反映的记录等。此外,还包括企业编纂的行情动态、工作情报和工作总结。

12. 个人访问

个人访问是指调查者与被调查者面对面的单独交谈方式。

13. 函件通信调查

函件通信调查是指将设计好的问卷邮寄给被调查者,请他们填写后寄回的调查方法。

14. 观察法

观察法是指调查者身临调查现场进行实地观察,在被调查者毫无察觉的情况下,对其行为、反应做调查或统计的一种方法。

15. 实验法

实验法是指将调查范围缩小到一个比较小的规模上,进行试验后取得一定结果,然后再推断出总体可能的结果。

16. 抽样调查

抽样调查是指从需要调查的对象总体中,抽取出若干个体(即样本)进行调查,根据调查的情况推断总体特征的一种调查方法。

17.物流市场预测

物流市场预测就是指物流企业根据历史统计资料和市场调查获得的市场信息,对市场供求变化等进行细致的分析研究,运用科学的方法或技术,对市场营销活动及其影响因素的未来发展状况和变化趋势进行预计和推测。

18.定性法

定性法是指利用判断、直觉、调查或比较分析对未来做出定性估计的方法。

19.SWOT分析的核心思想

SWOT分析的核心思想是指通过对物流服务的外部环境和内部条件的分析,明确物流服务可以利用的机会和可能面临的风险,并将这些机会和风险与服务的优势与劣势结合起来,形成物流服务管理的不同战略措施。

【任务检测】

一、单选题

1.为物流企业的预测和决策提供基础性数据和资料的是(　　　)。

　　A.物流市场调查　　　　　　　　B.物流活动中的软件分析系统

　　C.物流营销中的各种消息　　　　D.政府部门的支持力度

2.他们是物流企业比较稳定的客户,数量不占多数,但对企业的贡献达80%左右,他们是物流企业的(　　　)。

　　A.常规客户　　　B.潜力客户　　　C.头等客户　　　D.重要客户

3.物流市场需求调查最常用的方法是(　　　)。

　　A.观察法　　　B.询问法　　　C.实验法　　　D.抽样法

4.(　　　)是市场调查的继续和发展,是市场营销决策的基础和前提,也是计划和决策的重要组成部分。

　　A.市场观察　　　B.市场决策　　　C.市场统计　　　D.市场预测

5.(　　　)具有信息多、资料及时、时效性强、快速、方便和费用低等特点,还不受时间、地点限制,方便、实用。在企业市场营销信息系统的构建中优势明显。

　　A.个人访问　　　B.网上调查　　　C.开座谈会　　　D.函件通信调查

6.SWOT的中文意思是指(　　　)。

　　A.优势-劣势-机会-威胁　　　　　B.劣势-优势-机会-威胁

　　C.优势-劣势-威胁-机会　　　　　D.劣势-优势-威胁-机会

7.物流营销环境影响着企业的生存和发展,有些因素是不可控的因素,企业只能适应它,而(　　　)是企业可控的因素。

A. 物流企业外部环境　　　　　　B. 外部宏观环境

C. 物流企业内部环境　　　　　　D. 外部微观环境

8. 为了使客户得到高品质的服务和最大程度的满意,物流企业每做一个决定都需要进行广泛的(　　)。

A. 决策　　　　B. 预测　　　　C. 研究　　　　D. 调查

二、多选题

1. 物流营销环境是指与物流营销活动有关的、影响企业生存和发展的各种内外界条件和因素的总和。它包括(　　)等部分。

A. 外部环境　　B. 内部环境　　C. 政策环境　　D. 企业地位

2. 物流营销外部环境是由宏观环境和微观环境组成的,外部宏观环境包括(　　)工作环节。

A. 政治环境　　B. 经济环境　　C. 社会环境　　D. 技术环境

E. 自然环境

3. 物流营销外部环境是由宏观环境和微观环境组成的,外部微观环境包括(　　)工作环节。

A. 物流企业的竞争对手　　　　　B. 物流企业潜在竞争对手

C. 物流市场的营销渠道企业　　　D. 物流客户或消费者市场

E. 公众

4. 物流市场调查的类型有(　　)等。

A. 探测性调查　　B. 描述性调查　　C. 因果关系调查　　D. 预测性调查

5. 获得第一首资料的方法有(　　)等。

A. 逻辑推理法　　B. 询问法　　　　C. 观察法　　　　D. 实验法

6. 物流市场预测的方法有(　　)等。

A. 定性法　　　　B. 定量法　　　　C. 历史映射法　　D. 因果法

7. 定性法是指利用(　　)对未来做出定性估计的方法。

A. 判断　　　　　B. 直觉　　　　　C. 调查　　　　　D. 比较分析

8. 物流企业的服务范围与(　　)密切相关。

A. 内部环境　　　B. 外部环境　　　C. 自身的实力　　D. 竞争对手的实力

三、判断题

1. (　　)物流营销外部环境是物流营销活动的重要外在因素,它对物流营销活动产生直接的影响,是物流活动中可控的因素。

2. (　　)一个国家、一个地区的人民受教育的程度和文化水平的往往与经济的发展水平是一致的。

3.(　　)关键客户通常与企业建立一种伙伴关系或者"战略联盟",他们是物流企业与客户关系的核心,是客户中的关键部分。

4.(　　)一般来说,对物流企业的服务购买后的感受好,满意度高,就会成为重复购买该公司服务的忠实客户。

5.(　　)物流企业在开展营销活动的进程中,需要考虑的因素很多。只要了解其客户需求,就能据此制定自己的营销组合战略,而不必再去想其他的问题了。

6.(　　)任何一项物流服务都会同时受到外部环境和内部因素的影响,因此,物流服务就要特别重视对外部环境难以控制的特点,采取一系列的应变措施。

7.(　　)生产要素市场的完善程度越高,越容易从市场中获得生产或服务所需要的一切有用资源,而且,这种获得就越公平合理。

8.(　　)因为物流企业的主要功能是以运输、储存等为主要特征的服务企业。所以自然环境对物流企业的影响是巨大的。

四、思考题

1.简述物流企业客户的购买决策过程。

2.影响物流企业竞争的因素有哪些?

3.物流市场调查的内容。

4.什么是SWOT分析?其核心思想是什么?

任务 3
物流营销对象如何确定

教学要求

1. 陈述市场细分、目标市场、物流目标市场的含义；
2. 明确物流市场细分的依据及步骤；
3. 把握选择目标市场的条件；
4. 清楚选择物流目标市场的策略；
5. 树立物流市场营销定位的观念。

学时建议

知识性学习 4 课时。

案例学习讨论 2 课时。

实训学习 2 课时。

【导学语】

在之前的章节中我们已经学习了什么是物流营销以及其相关概念。那么谁才是我们的物流营销对象呢？确定了我们的营销对象之后我们应该采取什么样的方式来争取获得客户忠诚和新客户的青睐呢？

所有的天上飞的地上跑的是不是都是我们的服务对象呢？

什么是市场细分？
什么是市场定位？
它们与物流营销的关系是什么呢？

卷首案例

用智慧接烫手的订单

有一天，某地的一家物流公司里走进来三位顾客，一位是看上去很精明的老太太，一位是穿着打扮很时髦的女青年，而另一位是戴眼镜的憨厚老实的男青年。三个人的关系为：母亲、儿子、媳妇。

一进物流公司三人就根据自己的需求提出了相关的要求，女青年需要的越快越好的运输，而老人家希望对快慢无所谓只要稳妥就行。

销售人员们面面相觑，要是满足了女青年的要求老太太就会不满意；如果优先考虑了老太太的要求，女青年想必也会不同意。这单生意转眼就成了烫手山芋，谁都不敢接。热心的销售人员先招待顾客坐下，接着找来了他们的主管，希望借助主管的三寸不烂之舌顺利地接下这单生意。

请同学们假设一下：
①如果你是当班的营业员，你准备把主攻方向放在谁身上？为什么？
②若想把尽可能把生意做成并且做大，你的营销方案是什么？

通过这个模拟相信同学们一定想知道怎样确定物流的营销对象？怎样划分不同的客户群？针对不同的客户我们应该提供怎样的服务？通过以下的学习，同学们一定会对物流营销对象的划分和选择有一定的认识。

【学一学】

3.1 物流市场细分

3.1.1 物流市场细分的含义和作用

任何一个企业,无论其规模如何,它所能满足的也只是市场总体中十分有限的部分,而不可能予以全面满足,不可能为所有的客户都提供有效的服务。因此,企业在进入市场之前,必须先寻找其目标市场,并确定自己在市场中的竞争地位。

1)物流市场细分的含义

市场细分理论是 20 世纪 50 年代中期由美国市场营销学家文德尔·史密斯(Wendull R. Smith)提出的。

物流市场细分是指根据物流需求者的不同需求方向和特点,将物流市场分割成若干个不同的小市场的分类过程。通过物流市场细分,物流市场将区分为众多的不同的子市场,而每个子市场的物流需求者都有类似的消费需求、消费模式等,而不同子市场的需求者则存在着需求和特点的明显差异。企业针对不同的细分市场,采取相应的市场营销组合策略,使物流企业营销的产品(服务)更符合各种不同特点的客户需要,从而在各个细分市场上扩大市场占有率,提高产品和服务的竞争能力。如:我们可以把运输公司分为运钞公司、贵重物品押运公司、异型物流运输公司、常规物品运输公司,等等。

值得注意的问题是:第一,物流市场细分是对客户的需求进行细分,不是对产品(服务)进行细分。客户对物流服务的需求,从根本上讲都是为了完成物品从产地向接收地的实体流动过程,但是在物流活动或物流作业的具体运作过程中却存在着很大的差异,这就为物流市场的细分提供了客观依据。第二,物流市场细分是将具有相似需求特征的客户划分在同一个市场,并不意味着在这个细分市场内其他的需求差异不存在。只是在同一细分市场内部需求差异较小,在不同细分市场之间,需求差异较大。

2)物流市场细分的作用

任何企业的资源都是有限的,如何对有限的资源进行有效组合为客户提供服务关系到物流企业经营的成败。通过市场细分,物流企业可以认识到每个细分市场上物流需求的差异,物流需求被满足的程度以及物流市场竞争状况,那些未得到满足或满足程度较低、竞争者未进入或竞争对手很少的市场便是客观存在的市场机会。抓住这样的市场机会,结合企业资源状况,从中形成并确立适宜自身发展和壮大的目标市场,并以此为出发点设计相应的营销组合策略,就可以夺取竞争优势,在市场占有较大的份额,为下一步的发展打下良好的基础。物流市场细分的作用可总结为以下几点:

(1)有利于物流企业发现市场机会

在买方市场条件下,企业营销策略的起点在于发现有吸引力的市场环境,通过市场细分,物流企业可以了解到哪些客户有哪些尚未满足的需求,这些未满足的需求正是物流企业的新的市场机会。

(2)有利于选择目标市场和制定营销策略

细分后的每个子市场变的小而具体,这样就容易了解物流需求者的要求,企业可以根据自己的经营思想及物流技术和营销力量,确定物流服务对象,即目标市场。同时,对于这些小的目标市场,便于制定有针对性的营销策略,而且在细分后的市场上,信息更容易了解和反馈,一旦物流需求发生变化,企业可以迅速改变营销策略,制定相应的对策,提高物流企业的应变能力和竞争能力。不进行市场细分,物流企业选择目标市场必定是盲目的。市场营销组合是企业综合考虑产品、价格、促销形式和销售渠道等各种因素而制定的市场营销方案,就每一个特定市场而言,只有一种最佳组合形式,这种最佳组合只能是市场细分的结果。

(3)有利于企业合理的利用资源,扬长避短,获得竞争优势

任何企业的资源都是有限的,企业要想利用有限的资源在市场竞争中取得优势,只有通过市场细分,集中有限的人力、物力和财力,才能在目标市场上取得更大的份额。市场细分对中小型企业尤为重要,与实力雄厚的大企业相比,中小型物流企业资源及能力有限,物流技术及营销水平相对较低,缺乏竞争能力。通过市场细分,中小型物流企业可以根据自己的经营优势,选择一些大企业不愿顾及,相对市场需求量较小的细分市场,集中力量满足该特定市场的需求,化整体劣势为局部优势,在整体竞争激烈的市场条件下,在某一局部市场取得较好的经济效益,求得生存和发展。

3.1.2   物流市场细分的依据

企业应该如何进行市场细分呢?根据物流市场的特点,可以用以下几类标准进行细分。

1) 地理区域

客户所处的地理位置各不相同。不同地理区域的经济规模、地理环境、需求程度等差异很大,不同区域的客户对物流企业的要求也各有特点。物流企业必须根据不同区域的物流需求制定不同的营销方案。按此标准,一般可以将物流市场分为:

(1)相似区域物流

相似区域物流是指在一定的时间空间范围内,具有某种相似需求的物流区域。这样的物流区域往往出现在省内或省际之间的物流。

(2)跨区域物流

跨区域物流是指在需求不同的区域间进行的物流活动。包括省际之间、行政区之间和国际物流。

2) 客户行业

不同行业的客户,往往不容易形成相同的需求,其产品的构成存在很大差异。因此依据这一特点我们可以根据不同的客户群将市场细分为:农业、工业、商业和服务业等细分市场。如农产品物流、汽车物流、家电物流、零售物流、展品物流、电力物流和石化物流等,这可使有限的资源得以高效率的运用。

3) 客户业务规模

按照客户对物流需求的规模细分市场,可以将客户分为:

(1)大客户

大客户是指对物流业务要求多的客户,它们是企业的主要服务对象。在充分竞争环境下,大客户往往是物流公司争相合作的对象。但对于服务大客户的物流公司管理和运作难度高、对资金的需求大,与大客户间合作风险也很大。

(2)中等客户

中等客户是指对物流业务需求一般的客户,是物流企业的次要服务对象。中等规模的客户,一般操作起来比较容易,而服务的利润空间比较高。

(3)小客户

小客户是指对物流业务需求较小的客户,是物流企业较小的服务对象。

4)物品属性

物流企业在进行物流活动过程中,由于物品属性的差异,使得企业物流作业的差别也很大。按客户物品的属性将市场可分为:

(1)生产资料市场

生产资料市场是指用于生产的物资资料市场,其数量大,地点相对集中,对物流活动要求多且高。

(2)生活资料市场

生活资料市场是指用于生活需要的物资资料市场,其地点分散,及时性要求高。

(3)其他资料市场是指除以上两个细分市场以外的所有物资资料市场。

5)服务方式

就是根据客户所需物流服务功能的实施和管理的要求不同而细分市场。按服务方式将物流市场可分为:

(1)综合方式服务

综合方式服务是指客户需要提供两种或两种以上的物流服务。如部分为客户提供仓储、装卸搬运、物流信息等的相关功能服务。

(2)单一方式服务

单一方式服务是指客户只需要提供某一种方式的服务。

6)外包动因

按客户选择第三方物流企业的动因进行细分,可将市场细分为:

(1)关注成本型

这类客户在选择物流服务商时最关注的是物流成本问题。他们希望通过与第三方物流企业的合作,降低总成本。

(2)关注能力型

这类客户希望通过能与第三方物流公司强强联合,以增强企业自身的服务水平。

(3)关注资金型

这类客户一般资金不足或比较关注资金的使用效率,他们不希望自己在物流方面投入过多的人力和物力。

（4）复合关注型

这类客户选择服务商的动因不止一个。严格来讲，大多数客户选择物流服务商的动因都是复合关注型的。

当然，企业在进行市场细分的时候，既可以用一个变量标准，也可以用两个或者更多的变量标准。物流企业可根据自己的情况做出具体决定。

市场细分的标准是灵活的、变化的，企业可以用单一标准来细分市场，也可以用多个因素组合的划分标准来细分市场。

3.1.3 课堂案例分析

汽车物流四大环节细分市场

由于汽车制造业涉及的上下游环节非常多，汽车物流业一直都被国际物流同行公认为最复杂、最专业的领地。从以汽车制造企业为核心的供应链来看，汽车物流的主要组成部分可分为零部件供应商的运输供应物流、生产过程中的储存搬运物流、整车与备件的销售物流和工业废弃物回收处理物流等。

供应链采购下的零部件供应物流在汽车行业产、供、销链条中，零部件采购管理是企业经营管理的重要环节之一。随着汽车行业分工精细化发展的趋势，零部件的生产功能和物流配送功能都将从制造企业中剥离出来，把生产供应物流管理的部分功能委托给第三方物流系统管理，实行零部件供应链采购。

供应链采购是一种供应链机制下的采购模式，即汽车零部件的采购不再由汽车制造商操作，而是由零部件供应商操作。实施供应链采购，汽车制造商只需把自己的需求信息向供应商连续及时地传递，由供应商根据汽车制造企业的需求信息，预测未来的需求量，并根据这个预测需求量制定自己的生产计划和送货计划，主动小批量多频次向汽车制造商补充零部件库存。供应链采购模式改变了汽车零部件设计、生产、储存、配送、销售、服务的方式，有效地缩短了企业内生产线的长度，提高了生产效率。

一、实现精益生产的生产物流

汽车生产过程是一个复杂的系统工程，单就汽车装配而言，通常在一条装配线上混流装配两个或两个以上平台、十几种配置的轿车，生产节拍是每小时20～40辆车，每种车型的装配零部件是3 000多种，涉及上万个复杂的生产工序。生产线旁的物流位置有限，极易发生零部件的堆积和断档，上万种零部件必须准确地送到消耗点，这是汽车生产物流管理的难点。为了提高劳动效率，彻底消除无效劳动和浪费,必须推行精益生产方式,连续不断地向生产线边准时供货。保证精益生产方式实现的汽车生产物流战略的核心是准时化生产,改进劳动组织和现场管理,彻底消除生产制造过程中的无效劳动和浪费。

二、实施柔性化管理的销售物流

汽车销售是汽车制造企业实现价值的过程。选择正确的汽车销售物流战略,是汽车制造企业能否生存和发展的重要条件。汽车生产向多品种、小批量方向发展的趋势越来越明确,汽车生产商难以对市场作出准确的预测,很容易造成生产计划频繁变动,需要汽车销售物流系统以顾客需求为源头逐步拉动上游工序的运作模式。柔性化汽车销售物流系统是用"以客户为中心"的理念指导销售物流活动,建设与之配套的柔性化的物流系统,根据消费者需求的变化来灵活调节物流服务。在这方面,一些汽车企业已经有所涉足,如通过配送加工对部分部件加装以吸引客户,展示汽车性能的包装、装饰;通过第三方物流企业的运输服务,直接把轿车运送到各地区经销网点进行销售,对顾客实现了零公里的交货承诺;通过储存过程中检修、保养服务,实现了汽车的"保鲜储存",等等。

三、实现"绿色物流"目标的回收物流

汽车制造企业在零部件生产、整车装配、销售等活动中总会产生各种边角余料和废料,如果这些回收物品和废弃物处理不当,往往会占用生产空间,影响整个生产环境和产品质量,甚至会污染环境,造成不可忽视的社会影响。在这个物流活动中,零部件生产商、整车装配商和物流供应商都不能只考虑自身的物流效率,而必须从整个产供销供应链的视野来组织物流,通过对回收物和废弃物的循环利用,在物流过程中抑制物流对环境造成危害的同时,实现对物流环境的净化,使物流资源得到最充分地利用,这就是汽车物流实现绿色管理的目标。

［案例思考］
汽车物流的市场细分呈现什么样的特点?
［提示］
汽车物流市场呈现环节多、过程杂、要求多样和废弃物多等特点,我们在进行市场细分时要时刻注意这些特点,"对症下药",才能更好地服务于消费者。

3.1.4　物流市场细分的步骤

美国市场学家麦卡锡提出了细分市场的 7 个步骤,这对服务市场的细分具有参考价值。

①选定产品市场范围。企业首先确定进入什么行业,生产什么产品,需求规模

有多大,服务对象是谁?

②列出企业所选定产品市场范围内所有潜在客户的各种需求,主要是心理的、行为的和地理的特征。

③企业将列出的各种需求交由不同类型的客户挑选出它们最迫切的需求,最后集中客户的意见,选择几个作为市场细分的标准。

④检验每一个细分市场的需求,抽掉它们的共性、共同需求,突出它们的特殊需求作为细分标准。

⑤根据不同客户的特征,划分相应的市场群,并赋予一定的名称。名称应该能反映这一客户群的特质。

⑥进一步分析每一细分市场的不同需求与购买行为及其原因,并了解要进入细分市场的新变量,使企业不断适应市场的发展变化。

⑦决定市场细分的大小及市场群的潜力,从中选择使企业获得有利机会的目标市场。

根据美国著名营销学家麦卡锡提出的进行市场细分的 7 个步骤,用一例来说明其在现实中的应用。比如一家物流公司是专业提供货车出租业务的,现打算购买一批货车,买什么样的货车应先确定其服务的市场范围。确定产品市场范围以后,该公司通过分析研究,发现货车的潜在客户希望货车能满足以下需求:上下货时货门的开启高度要与常规的进货口高度基本相同,承载吨数在 10 ~ 15 吨最为合适,有部分客户需要平板货车,部分客户要求能装超长、超宽货物。企业在列举潜在客户的基本需求后,要了解其对不同的潜在客户群这些基本需求中哪些对他们最重要。潜在顾客的共同需求是企业不论在选择哪些细分市场作为目标市场时都必须使之得到满足的,但在细分市场时则要将它移去,对于货车的潜在客户来说,上下货时货门的开启高度要与常规的进货口高度基本相同,承载吨数在 10 ~ 15 吨最为合适等,是他们的共同需求。如果货车能使潜在顾客群的不同需求同时得到满足,他们就能成为货车市场的现实客户。接下来,该物流货车出租公司根据货车出租市场上各类客户的特点,为各分市场分别取名为:常规客户和临时客户。常规客户基本拥有定时定量的租车需求;临时客户的需求具有明显的需求波动性。通过分析对比,可以看出,将常规客户作为一个细分市场是有必要的。同时针对不同的客户群所采用的广告宣传和人员推销方式应有所不同。要使细分市场给企业带来效益,必须掌握各细分市场的市场潜量,即对各细分市场上顾客的不同需求进行定量的分析,例如,在公司的周围租用的群体需求量的大小,等等,这样便可推算出这个细分市场的规模和购买力。经过以上 7 个步骤,该公司便完成了市场细分的工作。

小资料

4PS

美国著名营销学麦卡锡教授是第一个提出4PS的学者,即以产品(product)、价格(price)、渠道(place)和促销(promotion)4个方面的组合来开展营销活动。

3.2　物流企业目标市场的选择

3.2.1　物流目标市场的含义

物流目标市场是指企业所选定的作为客户营销服务对象的一个、几个或全部细分市场。目标市场是在市场细分和确定企业机会的基础上形成的。企业通过市场细分,会发现不同需求的客户群,以及市场上还未得到满足的需求。这种未满足的需求就是市场机会,但并不是所有的市场机会都能成为企业机会。一种市场机会是否成为企业机会,不仅取决于这种市场机会是否与该企业的任务和目标相一致,而且还取决于企业是否具备利用这种市场机会的条件,取决于该企业在利用这种市场机会时具有比其他竞争者更大的优势。所以只有与企业任务、目标、资源条件相一致并比竞争者有更大的优势的市场机会才是企业机会。企业机会实际上是对满足市场上某一类客户需求所作的选择。确定了企业机会,也就基本上确定了企业的目标市场。

3.2.2　选择目标市场的条件

满足企业作为目标市场确定的条件有以下几项:

①所确定的目标市场必须足够大,或正在扩大,以保证企业获得足够的经济效益。

中国邮政可以将诸如食品类、服装鞋帽类、中西药品类、书报杂志类、日用品类、通信器材类产品以及文化用品等小件物品作为物流配送的主要服务对象。中国邮政物流中心现在已经发展成为我国规模最大的物流企业之一。

②所选择的目标市场是竞争对手尚未满足的,因而有可能属于自己的市场。

DHL(德国邮政网络下属全资子公司)物流公司凭借其定时可靠的递送服务以及与一流航空公司协作而打造的全球网络能够满足客户的所有空运需求。DHL提供所有主要航线固定航班的标准空运服务以及特定包机服务。以上富有特色且极具竞争力的目标市场定位在竞争对手缺乏的情况下,使DHL在很长时间内成为了我国的航空物流巨头。

③所确定的目标客户最可能对本品牌提供的好处作出肯定反应。

EMS(中国邮政特快专递服务)将城市白领作为他们的目标客户,城市白领往往对成本的概念不强,但是由于工作和生活环境的影响使他们对"速度"的追求极有偏好,EMS针对这一特点推出了全国"30小时"送货业务,这一业务一经推出立刻得到了目标客户群体的广泛欢迎,为EMS在快递市场开辟出一条新路。

3.2.3 选择目标市场的策略

针对企业选定的目标市场,企业可以采用3种不同的策略来占领:

1)无差异市场营销策

无差异市场营销策略是指企业不考虑细分市场的差异性,把整体市场作为目标市场,对所有的物流客户只提供一种产品,采用单一市场营销组合的目标市场策略。

无差异市场营销策略适用于少数客户需求同质的产品;客户需求广泛、能够大量生产、大量销售的产品。采用无差异市场策略的企业一般具有大规模、单一、连续的生产线、拥有广泛或大众化的分销渠道,并能开展强有力的促销活动。无差异市场营销策略的优点是有利于标准化和大规模生产,有利于降低单位产品的成本费用,获得较好的规模效益。无差异市场营销策略的缺点是不能满足客户需求的多样性,不能满足其他较小的细分市场的客户需求。在现代市场营销实践中,无差异市场营销策略实际被采用的不多。

2)差异市场营销策略

差异市场营销策略是指在市场细分的基础上,企业以两个以上乃至全部细分市场为目标市场,分别为之设计不同产品,采取不同的市场营销组合,满足不同客户需求的目标市场策略。差异市场营销策略适用于大多数存有差异的产品。采用差异市场营销策略的企业一般是大企业,拥有较为雄厚的财力、较强的技术力量和素质较高的管理人员。差异市场营销策略优点是能扩大销售,减少经营风险,树立企业良好的市场形象,提高市场占有率。差异市场营销策略的缺点是成本高。

3)集中市场营销策略

集中市场营销策略是指企业以一个细分市场为目标市场,集中力量,实行专业化生产和经营的目标市场策略。集中市场营销策略主要适用于资源有限的中小企业或是初次进入新市场的大企业。实行集中市场营销策略是中小企业变劣势为优势的最佳选择。集中市场营销策略的优点是目标市场集中,有助于了解目标市场的客户需求,提高企业和产品在市场上的知名度;有利于企业集中资源,节约生产成本和各种费用,增加盈利。集中市场营销策略的缺点是企业潜伏着较大的经营风险。一旦市场出现诸如较强大的竞争者加入、客户需求的突然变化等,企业就会陷入困境。采用集中市场营销策略的企业,要随时密切关注市场动向,充分考虑企业对未来可能意外情况下的各种对策和应急措施。

3.3　物流市场营销定位

3.3.1　物流市场定位的含义

物流企业通过市场细分确定了所要进入的目标市场,怎样进入目标市场。这需要对市场上的竞争状况作进一步的分析,以确定企业自身的市场位置,这就是物流市场定位的问题。

市场定位是在商品经济高度发达的情况下产生的。随着生产力的不断提高,市场上的产品日益丰富,而客户的购买能力是有限的,同行业之间的竞争加剧。企业要想战胜竞争对手,唯一的办法就是占领客户的心理位置,开发新产品、巩固老客户,成为客户钟情的企业或首选的服务提供者,这就是市场定位。

物流市场定位是指物流企业根据市场竞争状况和自身资源条件,建立和发展差异化优势,以使自己的服务在客户心目中形成区别并优越于竞争者服务的独特形象。定位为物流服务差异化提供了机会,使每家企业及其服务在客户心目中都占有一席之地,形成特定的形象从而影响其购买决定。

3.3.2　物流市场定位的基本原则

物流市场定位通过辨别物流客户的不同需求,突出服务的差异化,从而满足客户的需求。物流市场定位应满足以下原则:

1)让利性原则

能向相当数量的客户让出较高价值的利益。也就是我们常常说的"薄利多销"。如物流企业在特定的时期采用打折促销的方式让利于顾客。

2)明晰性原则

企业向客户清晰、明了的展示自身的优势,突出企业的差异化服务方式,便于客户的选择。

3）优越性原则

企业通过该定位所表现出的差异性明显优越于通过其他途径而获得的利益。

4）不易模仿性原则

该差异性是其他竞争者难以模仿的,以此来巩固企业在该细分市场的地位获得更大的市场占有率。

5）可接近性原则

在定位中的客户有能力购买该差异性服务。

6）盈利性原则

企业能通过该差异性获得利益。

因此,企业应重点宣传一些对其目标市场有重大影响的差异,有一个定位战略。

3.3.3　课堂案例分析

宅急送的市场定位

宅急送成立于1994年,它是模仿日本"宅急便"模式的产物,以做同城快运起家。但在成立之后的前几年,宅急送没有明确的市场定位,什么都做,什么都没做大。当时的宅急送更类似一个搬家公司,订车、包车、快递;内容则五花八门,包括牛奶、鲜花、烤鸭,甚至接孩子、洗抽油烟机等,明显缺乏真正的核心业务,但这个阶段让宅急送活了下来。从1994到1999年的几年间,企业管理层经过一系列思考,不断摸索和转变企业定位,其业务经历了同城快递、提货送货、仓储派送、城际派送等。

1999年,公司第一次明确了宅急送的市场定位:做社会零散货物的全国门对门快运,市内快运、包装仓储、长途运输等都是全国门到门业务的组成部分;宅急送的快运产品则定位在5~50千克的高附加值小件产品,如手机、电脑等消费类电子产品。至此,在经历一系列业务摸索后,宅急送锁定了全国24小时的门到门服务。

2002年11月,宅急送实现了第二次融资,这加快了宅急送业务转型的步伐。宅急送利用200多家自营网点、200多个合作网点、近2 000辆车,推出了"2D10"、"2D17"的概念。所谓2D10,是指当天下午5点上门收货,第二天上午10点前送货到门,即开门见货;2D17指当天下午5点上门收货,第二天下午5点之前送货到门。"2D10"、"2D17"的概念首先在区域内实现,如珠三角、长三角、环渤海等区域内的快运业务,通过每天几班的物流班车,做到了夕发朝至。

[案例思考]

宅急送是如何做到成功的市场定位的?

[提示]

几个时期的蜕变使宅急送成功的在物流市场谋得一席之地,"与时俱进"的积极转型无疑为宅急送的成功奠定了基础。

3.3.4　物流市场定位的步骤

实现产品市场定位,需要通过识别潜在竞争优势、企业核心优势定位和制定发挥核心优势的战略3个步骤实现。

1)识别潜在竞争优势

这是市场定位的基础。通常企业的竞争优势表现在两方面:成本优势和产品差别化优势。成本优势使企业能够以比竞争者低廉的价格销售相同质量的产品,或以相同的价格水平销售更高质量水平的产品。产品差别化优势是指产品独具特色的功能和利益与顾客需求相适应的优势,即企业能向市场提供的在质量、功能、品种、规格、外观等方面比竞争者能够更好地满足顾客需求的能力。为实现此目标,企业首先必须进行规范的市场研究,切实了解目标市场需求特点以及这些需求被满足的程度。一个企业能否比竞争者更深入、更全面地了解顾客,这是能否取得竞争优势、实现产品差别化的关键。另外,企业还要研究主要竞争者的优势和劣势,知己知彼,方能战而胜之。可以从以下3个方面评估竞争者:一是竞争者的业务经营情况,譬如,估测其近三年的销售额、利润率、市场份额、投资收益率等;二是评价竞争者的核心营销能力,主要包括产品质量和服务质量的水平等;三是评估竞争者的财务能力,包括获利能力、资金周转能力、偿还债务能力等。

2)企业核心优势定位

所谓核心优势是与主要竞争对手相比(如在产品开发、服务质量、销售渠道、品牌知名度等方面),在市场上可获取明显的差别利益的优势。显然,这些优势的获取与企业营销管理过程密切相关。所以识别企业核心优势时,应把企业的全部营销活动加以分类,并对各主要环节在成本和经营方面与竞争者进行比较分析,最终定位和形成企业的核心优势。

3) 制定发挥核心优势的战略

企业在市场营销方面的核心优势不会自动地在市场上得到充分表现。对此，企业必须制定明确的市场战略来充分表现其优势和竞争力。譬如，通过广告传导核心优势战略定位，使企业核心优势逐渐形成一种鲜明的市场概念，并使这种概念与顾客的需求和追求的利益相吻合。

3.3.5　物流市场定位的策略

物流企业进行市场定位，就是在客户的观念中树立一个与众不同的市场形象，确定一个独特的和有利润可言的位置来赢得客户的认同。物流企业要明白：市场定位是一个动态过程，不是一成不变的，要时刻分析目标市场客户所重视的服务特征的变化，明确潜在的竞争优势并在适当的时间显示独特的竞争优势，进行市场定位和再定位。市场定位既要围绕产品和服务进行，又要考虑企业总体形象。物流企业进行市场定位时，要全面、系统的考虑各方面的因素，如销售目标、产品特性、物流服务能力、企业竞争地位、质量和价格等因素。随着客户消费意识的不断增加，他们越来越倾向于在企业身上获得整体的物流服务解决方案。因此，物流企业在进行市场定位时要综合考虑各种要素，实施整体定位。

企业作为一个整体，在客户的心目中是有一定的位置的。怎样使自己在客户心目中占据一个明显而突出的位置呢？企业要树立良好的形象，必须具有良好的服务和财务状况，同时企业领导人的形象也至关重要。企业定位可根据自身的资源优势和在市场上的竞争地位做出如下选择：

1) 市场领先者定位策略

市场领先者是在行业中处于领先地位的企业，其相关服务在市场上的占有率最高。一般来讲，它在价格变动、新服务项目的开发、分销渠道的宽度和促销力量等方面处于主宰地位，为同行所公认。一般来说，市场领导者的定位要倾向于整体型。

2) 市场挑战者定位策略

在相同的行业中，当居次位的企业势力很强时，往往以挑战者的姿态出现，攻击市场领导者和其他的竞争者，以获得更大的市场占有率，这就是市场挑战者定位策略。企业采用这种策略时，必须具备以下条件：

①有较强的实力可以与竞争对手抗衡；
②要有创造并维持超过竞争对手的竞争优势；

③必须以大面积市场范围为目标。

挑战者的挑战目标可以是以下 3 种:攻击市场主导者、攻击与自己实力相当者、攻击地方性小企业。在确定了战略目标和进攻对象后,挑战者还需要考虑采取什么进攻战略。一般有 5 种战略可以选择,正面进攻;侧面进攻,包围进攻,迂回进攻,游击进攻。进攻者不可能同时运用这些战略,也很难靠单一一种战略取得成功。通常是设计出一套整体战略,借以改变自己的市场地位。

3)市场跟随者定位策略

市场跟随者定位策略是指企业跟随市场领导企业开拓市场、模仿领导者的服务项目开发、营销模式的定位策略。但"追随"并不是被动地单纯地跟随,而是设法将独特的利益带给它的目标市场,必须保持低成本和高服务水平,同时,积极地进入开放的新市场。它必须找到一条不致引起竞争性报复的发展道路。采用这种定位策略有 3 种战略可供选择:紧密跟随,距离跟随,选择跟随。

①紧密跟随:指企业在各个细分市场和营销组合方面,尽可能模仿主导者,不与主导者发生直接冲突。

②距离跟随:指跟随者在主要方面如目标市场、产品创新、价格水平和分销渠道等方面追随主导者,但仍与主导者保持若干差异。

③选择跟随:指企业在某些方面紧跟主导者,在另一些方面又发挥自己的独创性。

4)市场补缺者定位策略

市场补缺者定位策略是指企业专心关注市场上被大企业忽略的某些细小部分,在这些小市场上通过专业化经营来获取最大限度的收益,在大企业的夹缝中求得生存和发展的定位策略。

【做一做】

一、经典案例阅读

中邮物流市场细分的成功之道

邮政进入物流市场,要充分发挥自身区域运输网络的市内配送网络的优势,以省内、城市为重点,积极发展区域物流业务;同时,利用大网优势发展大用户对个人或企业零散运输业务;以直递形式有选择地介入有潜力、效益好的货运市场。业务品种以中小型物流配送服务和针对个人用户的投递服务为重点。在服务对象方面,要把具有一定规模和知名度且信誉好的商品生产企业作为重点,开展经营和服务。此外,配合电子商务的发展,具有一定规模和实力,在社会上具有较大影响力和较好信誉的商务网也是邮政重点服务的对象。要充分发挥邮政区域运输和市内配送的核心优势,以中小物的配货、运输、市内配送和信息服务,以及结算服务等为主。中国邮政发展物流的市场总体定位是:作为一体化物流解决方案(第三方物流)和环节(功能)性物流服务的提供商,以高层次物流市场为主,运用先进的物流理念和技术手段,以国有大中型企业、知名"三资"企业、专业电子商务网站以及邮政电子商务为主要服务对象,以适合邮政运输的高附加值的小件物品为主要配送对象,为社会提供定制的、精益的从生产厂家批发商、零售商甚至消费者个人的B2B 和 B2C 模式的物流服务,并逐步向企业供应链推进,最终成为企业供应链的参与、组织和整合者。

[案例思考]

通过阅读上面的案例,请同学们思考一下中邮物流是怎样结合自身实际寻找目标客户和进行准确的市场定位的?

二、实训活动

◎ 内容

关于物流企业营销对象选择的情景模拟。

◎ 目的

通过模拟现实环境,使学生能够灵活掌握物流营销对象选择的相关知识。能够较好地根据不同需求者的需求差异将市场进行合理的细分,以此来满足消费者的不同需求。

◎ 人员

1.实训指导:任课老师

2.实训编组:学生按8~10人分成若干组,每组选组长及记录员各一人。

◎ 时间

2~4学时。

◎ 步骤

1.由教师提出情景假设。

情景:某快递公司一向以高效、热忱的服务著称。一天,他们的门市上来了这样一个集团客户,该集团是市内著名的食品生产商,随着市场竞争的不断增大,他们想将自己的工作不断细化,想与快递公司联手推出自己的"同城上门送货业务"。

2. 以小组为单位进入情景,站在快递公司的角度,设计一份《合作计划书》,该计划书中要体现快递公司是如何针对食品生产企业的需求进行市场细分和市场定位的,并说明相关的操作步骤和理由。

3. 小组与小组之间针对相互的完成情况进行点评。

4. 以小组为单位撰写实训小结。

◎ 要求

学生通过实训能够学会一定的市场定位方式和市场细分的方向,并通过相互点评的模式,寻找错误、相互促进,便于更好地灵活掌握关于目标市场的选择和做好正确的市场定位,为准确的市场细分提供依据。

◎ 认识

作为未来物流企业员工,深悟企业是如何选择物流营销对象的,在以后的工作中能够准确的选择营销对象,实施正确、合理的营销服务,对做好本职工作是很有帮助的。

【任务回顾】

通过对本章的学习,使我们初步掌握了市场细分的含义、作用、依据和步骤;知道了物流企业如何进行目标市场的选择;基本掌握了物流市场营销的定位方法。

【名词速查】

1. 物流市场细分

物流市场细分是指根据物流需求者的不同需求方向和特点,将物流市场分割成若干个不同的小市场的分类过程。

2. 物流目标市场

物流目标市场是指企业所选定的作为客户营销服务对象的一个、几个或全部细分市场。

3. 无差异市场营销策略

无差异市场营销策略是指企业不考虑细分市场的差异性,把整体市场作为目标市场,对所有的物流客户只提供一种产品,采用单一市场营销组合的目标市场策略。

4.差异市场营销策略

差异市场营销策略是指在市场细分的基础上,企业以两个以上乃至全部细分市场为目标市场,分别为之设计不同产品,采取不同的市场营销组合,满足不同客户需求的目标市场策略。

5.集中市场营销策略

集中市场营销策略是指企业以一个细分市场为目标市场,集中力量,实行专业化生产和经营的目标市场策略。

6.物流市场定位

物流市场定位是指物流企业根据市场竞争状况和自身资源条件,建立和发展差异化优势,以使自己的服务在客户心目中形成区别并优越于竞争者服务的独特形象。

【任务检测】

一、单选题

1.( )是企业所选定的作为客户营销服务对象的一个、几个或全部细分市场。

    A.物流目标市场   B.物流市场定位

    C.物流细分市场   D.以上选项均不对

2.( )市场营销策略就是企业不考虑细分市场的差异性,把整体市场作为目标市场,对所有的物流客户只提供一种产品,采用单一市场营销组合的目标市场策略。

    A.差异化   B.无差异   C.集中   D.分散

3.物流市场定位通过辨别物流客户的不同需求,突出服务的( ),从而满足客户的需求。

    A.差异化   B.无差异   C.集中   D.分散

4.( )是市场定位的基础。

    A.确定竞争对手   B.观察市场利润

    C.识别潜在竞争优势   D.市场准入门槛的高低

5.所谓核心优势是与主要竞争对手相比(如在产品开发、服务质量、销售渠道、品牌知名度等方面),在市场上可获取明显的( )的优势。

    A.集中利益   B.分散利益   C.差别利益   D.无差别利益

6.( )是对物流业务要求多的客户,它们是企业的主要服务对象。

A.一般客户　　　　B.关键客户　　　　C.大客户　　　　D.小客户

7.物流市场细分的第一步是(　　)。

A.选定产品市场范围　　　　　　　　B.确定市场进入方向

C.进行准确的市场定位　　　　　　　D.找准竞争对手的弱势

8.市场营销组合是企业综合考虑产品、价格、促销形式和销售渠道等各种因素而制定的市场营销方案,就每一个特定市场而言,只有一种最佳组合形式,这种最佳组合只能是市场(　　)的结果。

A.差异化　　　　B.细分　　　　C.集中　　　　D.分散

二、多选题

1.物流市场细分的作用(　　)。

A.有利于物流企业发现市场机会

B.有利于选择目标市场和制定营销策略

C.有利于企业合理的利用资源,扬长避短,获得竞争优势

D.有利于拓展企业的服务范围

2.按客户选择第三方物流企业的动因进行细分,可将市场细分为(　　)。

A.关注成本型　　B.关注能力型　　C.关注资金型　　D.复合关注型

3.以下不属于物流市场定位的基本原则的是(　　)。

A.垄断性原则　　B.明晰性原则　　C.让利性原则　　D.成本性原则

4.实现产品市场定位,需要通过(　　)等步骤实现。

A.识别潜在竞争优势　　　　　　　B.企业核心优势定位

C.制定发挥核心优势的战略　　　　D.识别竞争对手

5.物流市场定位的策略有(　　)。

A.市场领先者定位策略　　　　　　B.市场挑战者定位策略

C.市场跟随者定位策略　　　　　　D.市场补缺者定位策略

6.以下哪些是实行差异市场营销策略的必要条件(　　)。

A.较为雄厚的财力　　　　　　　　B.较强的技术力量

C.素质较高的管理人员　　　　　　D.客户集中

7.采用市场跟随者定位策略有(　　)战略可供选择。

A.紧密跟随　　B.距离跟随　　C.选择跟随　　D.价格跟随

8.按服务方式可将物流市场分为(　　)。

A.综合方式服务　　　　　　　　　B.单一方式服务

C.从众方式服务　　　　　　　　　D.整体方式服务

三、判断题

1.(　　)任何企业的资源都是有限的,企业要想利用有限的资源在市场竞争

中取得优势,只有通过市场细分。

2.(　　)物流企业必须根据不同区域的物流需求制定不同的营销方案。

3.(　　)目标市场是在市场细分和确定企业客户的基础上形成的。

4.(　　)市场定位是在商品经济欠高度发达的情况下产生的。

5.(　　)市场定位是一个动态过程。

6.(　　)关注能力型这类客户希望通过与第三方物流公司强强联合,以增强企业自身的服务水平。

7.(　　)生产资料市场指用于生产的物资资料市场,其数量小,地点相对集中,对物流活动要求多且高。

8.(　　)同一行业的客户,对产品的需求和物流的需求不具有一定的相似性。

四、思考题

1.物流市场细分的步骤有哪些?

2.选择目标市场的条件是什么?

3.物流市场定位的基本原则有哪些?

4.物流市场定位的策略有哪些?

5.物流市场细分的作用有哪些?

任务 4
物流企业如何去满足客户的需求

教学要求

1. 陈述产品、物流企业产品、物流企业产品生命周期、物流企业分销渠道、促销的含义；

2. 明确物流产品生命周期各阶段的特点、不同阶段宜采取的营销战略、物流企业促销的方式、作用、目标；

3. 清楚影响物流企业定价的因素和定价程序、物流产品基本定价方法、影响物流企业分销渠道选择的因素；

4. 掌握物流产品的特征、物流企业分销渠道的评价的标准、促销策略中的人员推销、广告、营业推广、公共关系以及物流服务的有形展示等相关知识。

学时建议

知识性学习 14 课时。

案例学习讨论 8 课时。

实训学习 6 课时。

【导学语】

物流业是融合运输、仓储、货运代理和信息等行业的复合型服务产业,中国物流与采购联合会的统计显示,2008 年,我国社会物流总额达 89.89 万亿元,同比增长 19.5% ,这还是在全球金融危机的背景下取得的,物流企业如何针对强大的物流需求,去发展壮大自己呢?

物流企业是一种服务企业,它向客户提供的主要是服务,如运输服务、仓储服务等。

客户的物流服务需要是多种多样的,物流企业如何去满足这些需要呢?

卷首案例

天上的月亮"摘下来"

很久很久以前,有个国王,非常非常疼爱他的小女儿。国王的小女儿,就是小公主啦,小公主的要求,当国王的老爸一向是能满足的一定满足,不能满足的创造条件也要满足。不过有一天遇到麻烦了,小公主要天上的月亮,"我要月亮,我要嘛,我要嘛,我一定要要嘛,我今天就要要嘛……","今天要是不给我月亮,我就不睡觉,我就不吃饭……我就不活了。"怎么办? 国王头大了,只好召集了他的文武大臣,大家来想办法。有人说,"国王,国王,月亮我能搞到,就是太远了"。废话! 有人说,"国王,国王,月亮我能搞到,就是太重了"。废话! 有人说,"国王,国王,月亮我能搞到,就是太大了"。废话! ……有聪明人说,"国王,国王,拿个水盆,给公主看月亮的倒影",这个似乎是不错的主意,但是国王比较犹豫,公主虽然是小孩子,但是智力发育正常,对于水盆和镜子的成像早已知道那都不是真的,拿这个骗她造成不良后果的可能性是非常大的……

关键的时候,CRM 顾问说话了,"国王,国王,您先别急,您还是先问问小公主,她认为月亮是啥样的来?"于是国王就去问,"宝贝别哭,来,爸爸马上就去帮你搞月亮,你能先告诉爸爸,你知道月亮有多大啊,长什么样子的?"

公主就拿手一比划说,"月亮月亮明明,就像一个大烧饼,还亮晶晶的……"问题变得简单了,国王让人打了一个亮晶晶的大烧饼,正好这时候月亮也下山了,公主抱着这个大烧饼也睡觉了。但是,国王还是比较担心,"明天如果公主又看到天上的月亮,该怎么办?",国王想不到办法,又召集了他的文武大臣。

"拉窗帘","建围墙"……显然,这些都是逃避问题的办法,国王不能满意。关键的时候,CRM顾问又说话了,"国王,国王,您先别急,等明天白天的时候,您再问问小公主,如果晚上又看到月亮怎么办?"

于是国王白天就去问,"宝贝,爸爸问你哦,要是你晚上又看到月亮在天上,怎么办呢?"

公主又拿手一比划说,"那我们就像摘西瓜一样,它长一个,我们就摘一个……"

看完这个故事,大家一定想法很多吧!所以说,了解客户的需求,不能依我们自己的标准去分析客户的问题。那如何去了解客户的真正需求?怎样在满足客户需求的前提下,创造条件让客户获得利益就成为学习的目标。

小资料

CRM 是什么?

CRM(customer relationship management)是客户关系管理的简称。CRM不是一门技术或一套软件,而是一套基于大型数据仓库的客户资料管理系统,实施CRM是一个非常复杂的系统工程。它实施于企业的市场营销、销售、服务、技术支持等与客户有关的领域。

【学一学】

4.1　满足客户需求的产品

4.1.1　物流企业产品的含义

1)产品的概念

产品是物流企业市场营销组合中的一个重要因素。产品策略直接影响和决定着其他市场营销组合因素策略的实施,对企业的营销成败关系重大。在现代市场经济条件下,每一个企业都应致力于产品质量的提高和组合结构的优化,以更好地满足市场需要,提高企业产品的竞争力,取得更好的经济效益。菲利普·科特勒认为,产品是指能够提供给市场并引起人们的注意、获取、使用或消费,以满足某种欲望或需要的任何东西。它包括各种有形物品、服务、地点、组织和想法。

现代市场营销理论研究产品,是从整体产品的角度分析的。产品的整体结构,一般包括核心产品、有形产品和附加产品3个层次。

（1）核心产品

核心产品是指顾客购买某种产品时所追求的利益,是顾客真正要买的东西,因而在产品整体概念中也是最基本、最主要的部分。顾客购买某种产品,并不是为了占有或获得某种产品本身,而是为了获得满足某种需要的效用或利益。营销人员必须找到每一种产品给消费者带来的核心利益,并且出售这些利益,而不仅仅出售各种外部特征。

（2）有形产品

有形产品是核心产品借以实现的形式,即向市场提供的实体和服务的形象。如果有形产品是实体物品,则它在市场上通常表现为产品质量水平、外观特色、式样、品牌名称和包装等。产品的基本效用必须通过某些具体的形式才得以实现。营销人员应首先着眼于顾客购买产品时所追求的利益,以求完美地满足顾客的需要。从这一点出发再去寻求利益得以实现的形式,进行产品设计。

（3）附加产品

附加产品是顾客购买有形产品时所获得的全部附加服务和利益,包括提供信贷、免费送货、保证安装、售后服务等。附加产品的概念来源于对市场需要的深刻认识。因为购买者的目的是满足某种需要,因而他们希望得到与满足该项需要的一切。

2）物流企业产品的概念

物流企业提供的产品是一种服务。服务产品具有不可触知性。它没有一定的物质形态,很难在消费之前、之中和之后进行评估。服务具有其生产和消费的不可分离性。一辆汽车的生产者与消费者是可以分开的。但是物流产品的生产与消费不同时存在就谈不上什么物流服务。对于购买者而言,物流服务是多样性的,物流几乎跨越了组织中每个单一的职能(通关、商检、采购、运输、代理、保管、存货控制、配送、包装、装卸、流通加工及相关物流信息)。由于物流产品是人的劳动,人是主角,因此物流服务具有可变性,难以统一标准化。因此,物流产品的定义可这样表述:物流产品是指一种服务性产品,是物流企业提供的服务。物流服务是人或组织的活动,或者对一种可触知产品的临时可支配性,目的是满足消费者的需求和预期。这个定义强调"人或组织的活动",意味着其主角是人,强调以不可触知的内容为主,可以认为物流产品是无形产品,是一种特殊的产品。物流服务的区域是对产品的临时使用(租用),服务的购买者可以使用而不必得到该产品的所有权。

物流企业的核心产品通常是指为货主提供符合其需要的位移效用和利益,有形产品一般是指为货主提供运输服务的车辆、船舶、飞机等工具的类型及型号、基础设施布局及环境、航班、车次、航次等状况,附加产品通常是指货物装卸、咨询、报关、报价、存储以及其他各种服务。

理解物流服务的定义,还需要了解物流企业提供一个由4种因素构成的系统(服务包):

(1)支撑物流服务的设施

它使物流服务的生产成为可能,例如,坐落在城市里的电影院对于电影而言,体育场馆对于各种比赛而言。针对物流企业而言,这些设施有仓库、托盘、运输容器、装卸机械、货架、集装箱、箱式车、物流中心以及物流信息技术等。

(2)构成的产品

产品是物流服务的组成部分,例如餐馆里的饭菜,医院里的药物等。物流企业的产品有采购、运输、储存、装卸、搬运、包装、配送和流通加工等。

(3)中心好处

这是物流服务的中心。即客户达到成本效益平衡、合理;方便进入市场,特别是对新市场的进入,无需专门构建物流系统;借助物流网络和物流效率,实现市场扩张;创新服务,与物流企业结成战略联盟,提供增值、超值服务。

(4)附带的好处

存在物流服务所带来的增值的感受,也就是以客户、促销、制造、时间、基础服务为核心的增值服务。

购买者把上述4种因素看作一个系统,他们的评价与预期密切相关,重要的是物流服务的生产者,能够提供出顾客所期望的服务。

【想一想】

你现在知道什么是物流企业产品了吗?你能举出一些生活中的实例来吗?你一定行的。

4.1.2　物流产品的生命周期

1）物流企业产品生命周期的概念

（1）产品生命周期

一种产品从进入市场开始，其销售和获利能力就处在不断变化之中，随着时间的推移和市场环境的变化，最终很可能被迫退出市场。产品的这种市场销售演化过程就像生物的生命一样，要经历从诞生、成长、成熟直至衰退的全过程。因此，所谓产品生命周期，就是指产品从进入市场到最后被淘汰这一过程中市场销售和利润变化的规律。而产品退出市场，标志着其生命周期的结束。当然，产品的生命周期又与生物的生命周期有着很大的不同，它有时是可逆的。例如，一种产品可能已进入了产品生命周期的成熟阶段，但由于企业成功地通过一次市场推广活动，使潜在顾客意识到该产品的某种新用途，或者仅仅是顾客的消费倾向发生了某种有利于该产品的变化，反映到市场上，这种产品的销售曲线很可能又进入一个新的成长期。

产品只有经过研制开发、试销，然后进入市场，它的市场生命周期才算开始。产品退出市场，标志着产品生命周期的结束。产品生命周期一般可以分为 4 个阶段，即介绍期、成长期、成熟期和衰退期。在整个生命周期中，销售额和利润额的变化表现为类似 S 形的曲线。

需要说明的是产品生命周期各阶段的划分是相对的，一般来说，各阶段的分界是以产品销售额和利润额的变化为根据的。在介绍期，产品销售额和利润额增长缓慢，利润多为负数；当销售额迅速增长，利润由负变正并快速上升时，进入成长期；当销售额增长放慢，利润增长停滞时，则进入了成熟期；当销售额快速递减，利润也较快下降时，说明产品已经进入衰退期。

（2）物流产品生命周期

产品市场生命周期理论的产生对于有形产品市场营销过程的研究具有重要意义，它同样适用于物流企业的市场营销。

物流产品市场生命周期是指一项物流服务投入市场直到它完全退出市场所经历的时间，任何一项物流服务也都会经历介绍、成长、成熟、衰退的发展变化过程。与有形产品的市场生命周期相比，在物流产品的市场生命周期中，成熟期能延续的时间往往相当长，如运输这一物流服务，它已经有着悠久的发展历史，从大航海时代兴盛至今不衰，并且具有持续不断发展下去的趋势。物流服务的形式和服务项目是多种多样的，但就某一种形式的物流服务来讲，其市场生命周期又各不相同，其中,有些物流服务项目已经进入成熟期,有些刚刚进入成长期,而有些则已经进入衰退期。

(3)研究物流产品生命周期的意义

产品生命周期理论说明,一种产品不会在市场上经久不衰,永远获利。企业必须经常对各类产品的市场进行分析,不断淘汰老产品,开发新产品,使企业产品组合总是处于最优状态。当一种产品进入衰退期时,必须保证有其他产品处于介绍期、成长期或成熟期,以避免因老产品的淘汰而引起企业销售额和利润额的下降。

小资料

产品生命周期

产品生命周期理论是美国哈佛大学教授雷蒙德·弗农(Raymond Vernon)1966年在其《产品周期中的国际投资与国际贸易》一文中首次提出的。产品生命周期(product life cycle),简称PLC,是产品的市场寿命,即一种新产品从开始进入市场到被市场淘汰的整个过程。

研究分析产品生命周期,正确把握产品在市场上的寿命,对物流企业经营有着非常重要的意义:

①产品生命周期理论揭示了任何产品都和生物有机体一样,有一个从诞生到成长、成熟最后到衰亡的过程,也就是说世界上没有一个企业的产品在市场上能永远畅销,永远盈利,而是最终总要被市场淘汰。因此,物流企业要居安思危,不断创新,开发新产品,做到生产一批,储备一批,试制一批,设想一批,只有这样企业才能更好地生存和发展。

②物流企业可以借助产品生命周期理论,分析判断本企业的物流服务处于生命周期的哪个阶段,推测产品今后的发展趋势,正确把握产品的市场寿命,并根据不同阶段的特征,采取相应的市场营销组合策略,增强企业竞争力,提高企业的经济效益。

③从产品生命周期理论可知,由于科学技术迅猛发展,人们需求变化加快,未来产品生命周期的发展趋势将会越来越短,但是通过企业的市场营销努力,产品生命周期是可以延长的。

2）物流产品生命周期的特点

（1）导入期

导入期又称介绍期，是指一种新的物流服务首次正式上市的最初销售阶段。这个阶段的主要特点是：

①新产品刚投入市场，顾客对产品不太了解，只有少数追求新奇的顾客，销售量很低。

②成本高。

③为了扩大销路，广告宣传和其他促销费用都比较高。

④销售网络还没有全面有效的建立起来，销售渠道不畅通，销售增长缓慢。

⑤由于销售量少，各种成本高，企业通常处于亏损或微利状态。

⑥同类产品的生产者较少，竞争不激烈。

（2）成长期

物流产品的成长期是指物流企业可以大批量提供该项服务和扩大市场销售阶段。这个阶段主要特点是：

①销售额迅速增长，顾客对产品已经熟悉，市场逐步扩大，形成较大的市场需求，销售量大。

②随着规模的扩大，成本显著降低。

③由于顾客对产品熟悉，广告宣传费用可相对降低，即促销费用与销售额的比率不断下降。

④由于销售量迅速增长，成本下降，企业扭亏为盈，利润迅速上升。

⑤竞争者看到有利可图，进入市场参与竞争。

（3）成熟期

物流产品的成熟期是指企业大批量提供服务，而在市场上处于竞争激烈阶段，此阶段主要有以下特点：

①市场需求量逐渐趋于饱和，产品的销售量增长缓慢。

②成本降到最低程度。

③产品的服务、广告和推广工作十分重要，销售费用不断提高。

④利润达到最高点，并开始下降。

⑤很多同类产品进入市场，市场竞争十分激烈。

（4）衰退期

衰退期是指服务已经逐渐老化，转入更新换代的阶段。这个阶段的主要特

点是:

①顾客的需求发生改变,转向其他产品。

②已有新产品进入市场,正在逐渐取代老产品。

③物流服务迅速下降。

④市场竞争突出表现为价格竞争,产品价格不断下降。

⑤企业获利很少,甚至亏损,部分企业因无利可图,被迫退出竞争。

小资料

产品生命周期理论简介

典型的产品生命周期一般可以分成 4 个阶段,即介绍期(或导入期)、成长期、成熟期和衰退期。产品生命是指市上的营销生命,产品和人的生命一样,要经历形成、成长、成熟、衰退这样的周期。就产品而言,也就是要经历一个开发、引进、成长、成熟、衰退的阶段。

4.1.3　物流产品组合策略

物流企业为了满足目标市场的需要,扩大销售分散风险,增加利润,往往提供的产品不止一种,这些产品在市场上的相对地位以及对企业的贡献有大有小,企业如何根据市场需要和自身能力确定经营哪些产品,明确产品之间的配合关系,对企业兴衰有重大影响。

1)物流产品组合的概念

(1)物流产品组合、产品线和产品项目

①物流产品组合是指一个物流企业提供给市场的全部产品线和产品项目的组合或结构,即企业的业务经营范围。企业为了实现营销目标,充分有效地满足目标市场的需求,必须设计一个优化的产品组合。

②物流产品线又称产品大类或产品系列,是指物流产品组合中使用功能相似,分销渠道、客户体群类同的一组产品。例如仓储服务、运输服务、快递服务等,分别都可以形成相应的产品线。

③物流产品项目是指产品线中不同品种、质量和价格的特定产品。例如,物流企业提供的仓储服务,运输服务,分别为两个产品线,仓储服务中的不同规格,如提供的自动化立体仓库服务,即为产品项目。

（2）物流产品组合的宽度、长度、深度和关联性

①物流产品组合的宽度是指产品组合中所拥有的产品线的数目，例如上海全方物流公司目前有快速运输、配送、保管、流通加工4个产品大类。

②产品组合的长度是指产品组合中产品项目的总数，如以产品项目总数除以产品线数目即可得到产品线的平均长度。

③产品组合的深度是指一条产品线中所含产品项目的多少。

④产品组合的关联性是指各条产品线在最终用途、生产条件、分配渠道或其他方面相互关联的程度。如装卸搬运和仓储服务产品线。另一些产品可能在生产技术上关联性较低，但在最终用途上或在销售分销渠道上关联性较高。

根据产品组合的4种尺度，物流企业可以采取4种方法发展业务组合：加大产品组合的宽度，扩展企业的经营领域，实行多样化经营，分散企业投资风险；增加产品组合的长度，使产品线丰满充裕，成为更全面的产品线公司；加强产品组合的深度，占领同类产品的更多细分市场，满足更广泛的市场需求，增强行业竞争力；加强产品组合的一致性，使物流企业在某一特定的市场领域内加强竞争和赢得良好的声誉。因此，产品组合决策就是企业根据市场需求、竞争形式和企业自身能力对产品组合的宽度、长度、深度和相关性方面做出的决策。

2）物流产品组合策略

产品组合策略是指根据物流企业的目标，对产品组合的宽度、深度及关联程度进行组合决策。企业在调整产品组合时，可以针对具体情况选用以下产品组合策略。

（1）扩大产品组合策略

扩大产品组合策略是开拓产品组合的广度和加强产品组合的深度。开拓产品组合广度是指增添一条或几条产品线，扩展产品经营范围；加强产品组合深度是指在原有的产品线内增加新的产品项目。具体方式有：

①在维持原产品品质和价格的前提下，增加同一产品的规格、型号或款式。

②增加不同品质和不同价格的产品。

③增加与原产品相类似的产品。

④增加与原产品毫不相关的产品。

扩大产品组合的优点是：

①满足不同偏好的顾客多方面需求，提高产品的市场占有率。

②充分利用企业信誉和商标知名度，完善产品系列，扩大经营规模。

③充分利用企业资源和剩余生产能力，提高经济效益。

④减小市场需求变动性的影响,分散市场风险,降低损失程度。

（2）缩减产品组合策略

缩减产品组合策略是削减产品线或产品项目,特别是要取消那些获利小的产品线以便集中力量经营获利最大的产品线或产品项目。缩减产品组合的方式有:

①减少产品线数量,实现专业化经营。

②保留原产品线,削减产品项目。

③停止经营某类产品。

缩减产品组合有以下好处:

①集中资源和技术力量改进保留产品的品质,提高产品商标的知名度。

②生产经营专业化,提高生产效率,降低生产成本。

③减少资金占用,加速资金周转。

④有利于企业向市场的纵深发展,寻求合适的目标市场。

（3）高档产品策略

高档产品策略,就是在原有的产品线内增加高档次、高价格的产品项目。实行这种产品策略的好处是:

①可以提高企业现有产品的声望,提高企业的市场地位。

②高档产品的生产经营容易为企业带来丰厚的利润。

③有利于带动企业生产技术水平和管理水平的提高。

采用这一策略的企业也要承担一定程度的风险。因为,企业惯以经营廉价产品的形象在顾客心目中不可能立即改变,使得高档产品不容易打开销路,从而影响新产品项目开发费用的迅速收回。

（4）低档产品策略

低档产品策略,则是在原有的产品线中增加低档次、低价格的产品项目。实行这种产品策略主要有以下一些益处:

①借高档名牌产品的声誉,吸引消费水平较低的顾客慕名购买该产品线中的低档廉价产品。

②增加销售总额,扩大市场占有率。

③充分利用企业现有生产能力,补充产品项目空白,形成产品系列。

与高档产品策略一样,低档产品策略的实行能够为企业寻求新的市场机会,同时也会带来一定的风险。如果处理不当,可能会影响企业原有产品的市场声誉和名牌产品的市场形象。此外,这一策略的实施需要有一套相应的营销系统和促销手段与之配合,这些必然会加大企业营销费用的支出。

4.2 满足客户需求的定价

4.2.1 物流产品的价格

产品定价是企业最重要的决策之一。一方面,是由于价格的高低对需求具有重大影响;另一方面,是由于在市场竞争中,企业的价格策略同其他竞争策略相比具有不可替代的作用。像价格在竞争中的灵活性,价格对消费者的心理作用,以及价格对企业财务状况的影响等,都直接关系到企业能否有效地实现目标。甚至可以说,在某种程度上,企业的各种竞争策略最终都将在定价决策上得到体现。

在物流产品营销市场上,一般情况下各种有形产品定价的概念和方法均适用于物流产品定价,但是,由于物流产品受其产品特性的影响,企业与顾客之间的关系通常比较复杂,企业定价不但给产品一个价格标签,物流产品定价策略也有其不同的特点。

4.2.2 定价的影响因素分析

1)影响物流企业定价的因素

为了做出有效的价格决策,决策者必须综合考虑各种影响定价的因素。影响定价的因素主要有3个方面:即成本、需求和竞争。在制定有关定价的战略之前,决策者必须全面分析影响企业定价的因素——成本、需求和竞争。

市场营销理论认为,产品的最高价格取决于产品的市场需求,产品的最低价格取决于该产品的成本费用,在最高价格和最低价格幅度内,企业对产品价格制定的高低,则取决于企业的定价目标和竞争对手同种产品的价格水平。

成本是服务商品价值的基本部分,它决定着产品价值的最低限,如果价值低于成本,企业便无利可图;市场需求影响顾客对产品价值的认识,决定着产品价值的上限;市场竞争价格调节着价格在上限和下限之间不断波动的幅度,并最终确定产品的市场价格。值得强调的是,在研究物流服务产品成本、市场需求和竞争状况时,必须同物流服务的基本特征联系起来进行研究。

①成本因素。服务营销人员必须理解服务产品的成本随时间和需求的变化而变化。服务产品的分类可以分为3种,即固定成本、变动成本和准变动成本。固定成本是指不随产出而变化的成本,在一定时期内表现为固定的量,如建筑物、服务设施、家具、工资和维修成本等。变动成本则随着服务产出的变化而变化,如业余职工的工资、电费、运输费、邮寄费等。在许多服务行业中,固定成本在总成本中所占的比重较大,比如,航空运输和金融服务等,固定成本的比重高达60%,因为他

们需要昂贵的设备和大量的人力资源;而变动成本在总成本中所占的比重往往较低,甚至接近于零,如火车和戏院等;准变动成本是介于固定成本和变动成本之间的那部分成本,他们既同顾客的数量有关,又同服务产品的数量有关,比如,清洁服务地点的费用、职员加班费等。准变动成本的多少取决于服务的类型,顾客的数量和服务活动对额外设施的需求程度,因此,不同的服务产品其差异性较大,其变动所牵涉的范围也比较大。比如,飞机上的座位已经满员,要想再增加一位旅客,那么,所增加的就不仅是一个座位,在人力资本、资源消耗方面也要相应增多。

在产出水平一定的情况下,服务产品的总成本等于固定成本、变动成本和准变动成本之和,服务企业在制定定价策略时必须考虑不同成本的变动趋势,应用经验曲线,有助于营销人员认识服务行业的成本行为:所谓经验曲线是指在一种产品的生产过程中,产品的单位成本随着企业经验的不断积累而下降。在这里,经验意味着某些特定的技术改进,正是由于改进了操作方法,使用了先进的工艺设备、经营管理方法的科学化而形成规模经营,才导致企业成本逐步下降;经验曲线使企业降低产品成本的有效分析工具。

②需求因素。服务公司在制定价格策略目标,并考虑需求因素的影响时,通常使用价格需求弹性法来分析。需求的价格弹性是指因价格变动而引起的需求变动比率,它反映了需求变动对价格变动的敏感程度。价格需求弹性通常用弹性系数(Ed)来表示,该系数是服务需求量(Q)变化的百分比同其价格(P)变化百分比之比值。用公式表示为:

$$需求弹性系数 = \frac{需求量变动的百分率}{价格变动的百分率}$$

即:

$$Ed = \frac{\Delta Q/Q}{\Delta P/P}$$

如果价格上升而需求量下降,则价格弹性为负值。如果价格上升需求量也上升,则价格弹性为正值。亦即:当 $Ed < 1$ 时,表示缺乏弹性;当 $Ed > 1$ 时,表示富有弹性。

③竞争因素。市场竞争状况直接影响着企业定价策略的制定。在产品差异性较小、市场竞争激烈的情况下,企业制定价格的范围也相应缩小。市场竞争所包含的内容很广,比如,在交通运输行业,企业之间的竞争不仅有不同品种之间的竞争,而且在不同运输工具之间、对顾客时间和金钱的利用方式之间都存在着竞争。总而言之,凡是服务产品之间区别很小而竞争很强的市场,都可以制定相当一致的价格。对于服务企业而言,在市场上除了从竞争对手那里获得价格信息外,还要了解他们的成本状况,这将有助于企业分析评价竞争对手在价格方面的竞争能力。无疑,向竞争对手全面学习,对于任何企业都十分重要。服务企业要借鉴竞争者如何

确定成本、价格和利润率,这将非常有助于企业自己制定适宜的价格策略。

2)影响物流企业定价程序

企业的价格决策需要遵循着一定的程序来进行,也就是企业定价要有一定的步骤。定价程序可分为以下几个步骤:

①市场对产品的需求量。估计产品的总需求量,对于老产品困难较少,对于新产品颇为不易,物流服务的提供者常不知道市场对该新产品有无需求。估计产品的需求量有两项实际步骤:

A.决定是否已有一项市场预期价格,即该产品在顾客心目中值多少钱。确定预期价格,应该特别重视经验丰富的中间商的反应。预期价格可以用以下方法加以改变:增加产品的特色,选择高级产品的营销渠道线,加强广告活动等。产品的定价如低于预期价格过多,实际是一种损失,甚至影响销路或损害企业声誉。

B.估计不同价格水平下的销售量。计算各个售价的均衡点,以及何种价格最为有利。

②进行成本估计。需求在很大程度上决定了企业为其产品制定价格的上限,而成本则规定了价格的下限。分析判断企业成本的目的,在于通过对企业产品的成本分析,与同行业竞争者成本进行比较,确定企业在成本上的竞争地位。

企业制定的价格要能够补偿生产、分配、销售该产品的所有成本,并且要满足经营和承担投资风险,在该产品上获取合理的利润。

企业进行成本分析一般侧重以下两点:①收集整理企业历史成本和本期成本资料,估算出最小成本、平均成本、边际成本、固定成本和变动成本等项目。②判断企业成本状况的现状及发展趋势,即短期成本和长期成本。

③预测竞争者的反映。现有的或潜在的竞争形势对定价有很大的影响,特别是有些易于经营,并且利润大的行业,潜在竞争的威胁会更大。

虽然市场需求可以成为市场定价的上限,而成本是定价的下限,但竞争者的价格及其对价格的反应,应成为公司定价的参考。只要公司了解到竞争者的价格和产品情况,就可以将它们作为自己定价的出发点。如果该公司提供的产品与主要竞争者相似,可以使本公司的定价接近竞争者产品价格。但应该注意的是竞争者可能会调整他们的价格,对企业的定价做出反应。从某种意义上讲,定价是一种挑战性行为,任何一次价格制定与调整,都会引起竞争者的关注,并可能导致竞争者采取相应的对策,如果忽略竞争者的反应,势必会惹祸上身,导致两败俱伤的价格战。

竞争来自的几个方面：

A. 同类的产品。

B. 各种替代品。

C. 虽不同类，但顾客对象相同的产品。

④确定企业的定价目标。所谓定价目标，就是产品的价格在实现以后企业应达到的目的。企业定价作为经营活动的一项重要内容，其一般目标是在符合社会总体利益的原则下，取得尽可能多的利润。但由于定价应考虑的因素很多，从而企业定价的具体目标也多种多样。不同企业可能有不同的定价目标，同一企业在不同时期也可能有不同的定价目标，企业应权衡各个目标的依据和利弊加以选择。

⑤选择企业的定价方法。企业的定价方法，是企业在特定的定价目标指导下，运用定价策略，对产品价格进行具体计算的方法。

⑥运用定价技巧。企业在定价策略制订中往往会有多种多样和灵活善变的手段和技巧。企业的定价技巧，是企业进行价格竞争的方式，它直接为实现企业的定价目标服务。由于企业所处的市场状况和产品销售渠道等条件的不同，应采取不同的定价技巧。

⑦制定具体的价格。定价目标、定价策略与定价方法是一个有机整体。一般来说，企业在具体定价时，首先要在企业的定价目标的指导下，依据一定的定价方法确定具体的初始价格，初始价格形成后，再根据定价策略对初始价格进行修订，形成最终价格。

4.2.3 物流产品定价目标

任何企业都不能孤立地制定价格，而必须按照企业的目标市场战略及市场定位战略的要求来进行。假如企业管理人员经过慎重考虑，决定为收入水平高的消费者设计、生产一种高质量的豪华家具，这样选择目标市场和定位就决定了该产品的价格要高。此外，企业管理人员还要制定一些具体的经营目标，如利润额、销售额、市场占有率等，这些都对企业定价具有重要影响。企业的每一可能价格对其利润、收入、市场占有率也均有不同的含义。企业的定价目标主要有以下几种：

1) 利润导向的定价目标

利润是企业生存和发展的必要条件，是企业营销的直接动力和追求的基本目标之一。因此，许多企业都把利润作为重要的定价目标。

(1) 利润最大化目标

以利润最大化为定价目标，指的是企业期望获得最大限度的销售利润。在市场销售前景看好,市场容量大,企业在产品市场上占据明显的优势,甚至具有某种垄断优势,企业期望获取最大的销售利润和投资收益。最大利润目标会导致高价策略,但价格高到什么程度,才能既保证企业利润的最大化,又能使购买者承受得了,是需要周密思考的焦点。追求最大利润并不等于追求最高价格,当一个企业的产品在市场上处于某种绝对优势地位时,如有专卖权或垄断等,尽管可以实行高价,但价格过高,会抑制需求、加剧竞争,产生更多的替代品,甚至会导致政府的干预。

(2)预期利润目标

以预期的利润作为定价目标,就是企业把某项产品或投资的预期利润水平,规定为销售额或投资额的一定百分比,即销售利润率或投资利润率。新产品的开发与上市,畅销产品的产量增加都需要新的投资。投资的回收与报酬是企业定价必须要考虑的因素。产品定价是在成本的基础上加上适当的目标利润,企业要事先估算产品按何种价格出售,销售多少,多长时间才能回收投资并达到预期的利润率目标。预期的销售利润率或投资利润率一般要高于银行贷款利率。

2)销量导向的定价目标

美、日企业崇尚市场占有率理论,特别是日本企业十分重视创造强大的销售声势。这对企业制定市场营销战略和策略,确实是一个值得研究的问题:先打入与占领市场,然后是极力扩大市场范围,再后是巩固已有的市场份额。要实现以上各点,必须配合恰当的价格策略。所以,增加销售量或扩大市场占有率就成为企业常用的定价目标。

(1)保持或扩大市场占有率

市场占有率反映着企业的经营状况和企业产品在市场上的竞争能力,关系到企业的生存和发展。作为定价目标,市场占有率与利润有很强的相关性,从长期来看,较高的市场占有率必然带来较高的利润。所以,有时企业把保持或扩大市场占有率看得非常注意。再者,市场占有率一般比最大利润容易确定,也更能体现企业努力的方向。一个企业在一定时期的盈利水平高,可能是由于过去拥有较高的市场占有率的结果,如果市场占有率下降,盈利水平也会下降。因此,许多资金雄厚的大企业,喜欢以低价渗透的方式进入目标市场,力争较大的市场占有率。一些中小企业为了在某一细分市场获得绝对优势,也十分注重扩大市场占有率。但是,值得注意的是,市场份额的扩大并不总会导致利润的增加。某些着眼于未来的企业为了保持和扩大市场占有率,可以不惜降低价格,牺牲眼前利润。

（2）增加销售量

大量的销售既可形成强大的声势,提高企业在市场的知名度,又可有效地降低成本。销售量的增长与利润的变化有一定的关系。对于需求价格弹性较大的产品,降低价格而导致的损失,可以由销售量的增加而得到补偿。企业采取薄利多销的策略,应在总利润不低于企业最低利润的条件下,尽量降低价格,促进销售,增加盈利。而有些企业过分关注销售的增长,认为销售的增长必然会带动利润的增加,这种看法是片面的。当企业产品的边际利润的下降速度超过销售量的增长速度时,会引起总利润的减少,这种情况在实际中时有发生。因此,企业在采用增加销售量为定价目标时,要考虑销售量与利润的关系,确保企业的利润水平。

3）竞争导向的定价目标

（1）应付或防止竞争

生产同类产品的企业,关注竞争对手的定价政策和价格策略是十分自然的。企业往往着眼于在竞争激烈的市场上应付和避免价格竞争,大多数企业对其竞争对手的价格很敏感,在定价以前,一般要广泛搜集资料,把本企业产品的质量、特点和成本与竞争对手的产品进行权衡比较,然后再制定产品价格。以对产品价格有决定影响的竞争对手或市场领导者的价格为基础,采取高于、等于或低于竞争对手的价格出售本企业的产品。

许多企业愿意追随市场领导者的价格,随行就市,缓和和避免竞争,稳定市场。当市场存在领导者价格时,新的加入者要想把产品打入市场,争得一席之地,只能采取与竞争者相同的价格。而一些小企业因市场营销费用较低,或某些企业为扩大市场份额,定价可低于竞争对手。只有当企业具备特殊优越条件,诸如资金雄厚、拥有专有技术、产品质量优良、服务水平高等,才可能把价格定得高于竞争对手。

（2）稳定价格

稳定价格常被作为达到投资报酬的途径。当企业拥有充分的后备资源、打算长期经营、巩固市场阵地时,宜采用此策略。通常稳定价格是由一种行业领导者企业所决定,故又称为领导者价格或者称为领袖价格制。在市场供求与价格时常发生波动的行业中,特别需要稳定价格来增强市场安定性,某些行业由于采取稳定价格制度,在社会需求潜力骤然下降时,价格不致发生大波动,可避免不必要的价格竞争。当然,在稳定价格制度下,并非所有企业均采取领导者所制定的价格,而是与领导者定价保持一定的比例关系;小企业往往为避免招致领导者的报复,常为维持本身利益,而愿意长期追随领导者的价格;领导者也不可能将价格任意提高,以免引起公众的不满与政府的干预。

4)生存导向的定价目标

如果企业生产能力过剩,或面临激烈的市场竞争。或者试图改变顾客的需求时,或由于经营管理不善等原因,造成产品销路不畅,大量积压,甚至将要倒闭时,则需要把维持生存作为企业的基本定价目标,生存比利润更为重要。为了继续开工和使存货减少,企业必须制定一个较低的价格,并希望市场是价格敏感型的,许多企业通过大规模的价格折扣,来保持企业的活力。对于这类企业来讲,只要他们的价格能够弥补变动成本和一部分固定成本,即单价大于单位变动成本,企业越能够维持生存。这种定价目标,只是在企业面临困难时的短期目标,长期目标还是要获得发展,否则企业终将破产倒闭。

4.2.4 物流产品基本定价方法

企业的定价方法,是企业在特定的定价目标指导下,运用定价策略,对产品价格进行具体计算的方法。定价目标、定价策略与定价方法是一个有机整体,定价方法的选择正确与否,是关系到企业定价目标能否实现的一个重要因素。

一般来说,企业在具体定价时,首先要在企业的定价目标的指导下,依据一定的定价方法确定具体的初始价格。初始价格形成后,再根据定价策略对初始价格进行修订,形成最终价格。

这里介绍3种常用的定价方法:成本导向定价法、需求导向定价法和竞争导向定价法。这些方法既各有长处,又有其不足的一面,企业在具体定价时,要全面掌握和了解成本、市场需求和竞争等状况,选择适合于本企业的定价方法。

1)成本导向定价法

这种定价方法主要是从企业的角度来确定产品的价格,从经济学来讲,企业是以盈利为目的的经济组织。为了保持和提高企业的竞争能力,企业必须通过销售其产品来收回其付出的成本并在此基础上获得相应的利润回报。因此,制定其相关产品的价格就必须考虑产品的成本和利润。这种方法的特点是简便,易用。但是,这也是最不以消费者为导向的方法,由此制定出来的产品价格还需由消费者的反应来确定其定价的科学性,合理性,具体来讲,成本定价法主要包括两种具体方法。

(1)成本加成定价法

成本加成定价法是指在单位产品成本的基础上,加上一定比例的预期利润作为产品的销售价格。销售价格与成本之间的差额即为利润。其计算公式为：

$$P = C(1 + R)$$

式中：P——单位产品价格；

　　　C——单位产品成本；

　　　R——成本加成率或预期利润率。

例：某企业单位产品总成本（由单位劳动力成本、原材料成本、电力消耗、工具成本、日常开支成本汇总）为12.32元/产品，企业的预期利润率为20%，求该产品的销售价格是多少？

$$单位产品售价 = C(1 + R)$$
$$= 12.32(1 + 20\%)$$
$$= 14.78 \ 元 / 产品$$

这种定价方法的特点是：

①成本的不确定性一般比需求少。将价格盯住单位成本，可以大大简化企业定价程序，而不必根据需求情况的瞬息万变而作调整。

②缓和同行业间的价格竞争。如果同行业的企业都采用这种定价方法，各家的成本和加成比例接近，定出的价格相差不多，可能会缓和同行业间的价格竞争。

③根据成本加成进行定价，对于买卖双方更加公平合理。卖方只是"将本求利"，不会在消费者需求强烈时利用此有利条件谋取额外利润。

但这种方法的不足是缺乏营销管理中重视销售的灵活性的特点，许多情况下其定价反应会较市场变化滞后。因此，这种方法在企业的产品生产成本小于或等于相同产品的社会必要生产成本时是合理的、有效的，而当企业的产品生产成本大于相同产品的社会必要生产成本时采用此方法就有可能导致产品滞销。

（2）目标利润定价法

这是根据企业所要实现的目标利润来定价的一种方法。同成本加成法相比，该方法主要是从企业想达到的利润目标为出发点来制定产品价格的，而成本加成法是从产品成本为出发点来制定产品价格的。目标利润法的基本公式为：

$$单位产品价格 = \frac{固定成本 + 变动成本 + 目标利润}{预计销量}$$

例：某公司9月份计划周转量为5 000千吨/公里，单位变动成本为150元/千吨公里，固定成本20万元，目标利润30万元，则单位运价是多少？

$$单位运价 = \frac{固定成本 + 变动成本 + 目标利润}{预计周转量}$$
$$= \frac{20 + 0.015 \times 5\ 000 + 30}{5\ 000} \ 万元 / 千吨公里$$

$$= 0.025 \ 万元／千吨公里$$
$$= 250 \ 元／千吨公里$$

这种方法的特点是有利于加强企业管理的计划性,可较好实现投资回收计划。但要注意估算好产品售价与期望销量之间的关系,尽量避免由于价格而使销量达不到预期目标的情况出现。

2)需求导向定价法

需求导向定价法是以需求为中心的定价方法。它依据顾客对产品价值的理解和需求强度来制定价格,而不是依据产品的成本来定价。其特点是灵活有效地运用价格差异,对平均成本相同的同一产品,价格随市场需求的变化而变化,不与成本因素发生直接关系。其基本原则是:市场需求强度大时,制定高价;市场需求强度小时,可适度调低价格。这种定价方法,综合考虑了成本、产品的生命周期、市场购买能力、顾客心理等因素。需求导向定价法主要包括理解价值定价法、需求差异定价法和逆向定价法。

(1)理解价值定价法

理解价值定价法是根据顾客对产品价格的理解度,即产品在顾客心目中的价值观念为定价依据,运用各种营销策略和手段,影响顾客对产品价值的认知的定价方法。

理解价值定价法的关键和难点是获得顾客对有关产品价值理解的准确资料。企业如果过高估计顾客的理解价值,其价格就可能过高,影响销售量;反之,若企业低估了顾客的理解价值,其定价就可能低于应有水平,使企业收入减少。因此,企业必须通过广泛的市场调研,了解顾客的需求偏好,根据产品的性能、用途、质量、品牌、服务等因素,判定顾客对产品的理解价值,制定产品的初始价格。然后在初始价格条件下,预测可能的销售量,分析目标成本和销售收入。在比较成本与收入、销量与价格的基础上,确定该定价方案的可行性,并制定最终价格。

(2)需求差别定价法

所谓需求差别定价法,是指产品价格的确定以需求为依据,可根据不同的需求强度、不同的购买力、不同的购买地点和不同的购买时间等因素,制定不同的价格。这种定价方法首先强调适应顾客需求的不同特性,而将成本补偿只放在次要的地位。其好处是可以使企业定价最大限度地符合市场需求,促进产品销售,有利于企业获取最佳的经济效益。根据需求特性的不同,需求差别定价法通常有以下几种形式:

①以顾客为基础的差别定价。即对同一产品,针对不同的顾客,制定不同的价

格。在我国的民航飞机票,本国籍乘客与外国籍乘客实行不同的价格;在柳州市,企业用电和居民用电按不同的电价收费。

②以地理位置为基础的差别定价。随着地点的不同而收取不同的价格。比较典型的例子有电影院、火车卧铺、体育场、飞机等,其座位不同,价格也不一样。

③以时间为基础的差别定价。同一种产品,价格随季节、日期、甚至钟点的不同而变化。例如,电影院在白天和晚上的票价有别;对于某些时令商品,在销售旺季,人们愿意以稍高的价格购买,而一到淡季,则购买意愿明显减少,所以这类商品在定价时就应考虑到淡旺季的价格差别。

④以产品为基础的差别定价。同种产品的不同外观、不同花色、不同型号、不同规格、不同用途,其成本也有所不同,但它们在价格上的差别并不完全反映成本之间的差异,主要区别在于需求的不同,可根据顾客对产品的喜爱程度制定价格。例如,同等质量和规格的产品,式样新颖的可定较高的价格,式样陈旧的可制定较低的价格;高档产品和低档产品其使用价值相差不大,而价格可能差别极大。

由于需求差别定价法针对不同需求而采用不同的价格,实现顾客的不同满足感,能够为企业获取更多的利润,因此,在实践中得到广泛的运用。但是,也应该看到,实行需求差别定价法必须具备一定的条件,否则,不仅达不到差别定价的目的,甚至会产生负面作用。

(3)逆向定价法

这种定价方法主要不是单纯考虑产品成本,而是首先考虑需求状况。依据市场调研资料,依据顾客能够接受的最终销售价格,确定销售产品的零售价,逆向推算出中间商的批发价和生产企业的出厂价。

逆向定价法的特点是:价格能反映市场需求情况,有利于加强与中间商的友好关系,保证中间商的正常利润,使产品迅速地向市场渗透,并可根据市场供、求情况及时调整,定价比较灵活。

3)竞争导向定价法

在目前的市场经济条件下,企业的生产能力往往过剩,导致许多产品往往在市场上出现积压,企业为了将自己的产品销售出去获得利润,往往会采取各种措施来提高企业产品自身的竞争能力,如降低成本,提高产品质量,提高服务水平等,以便在与竞争对手的竞争中保持或提高其原有的市场份额。因此,竞争导向定价法是指企业以竞争对手的价格作为依据来制定价格的一种定价方法。

(1)随行就市定价法

这是以同行业的平均现行价格水平或"市场主导者"(指在相关产品市场上占

有率最高的企业)的价格为标准来确定本企业价格的方法。这种定价方法以竞争对手的价格为依据。

在以下情况下往往可考虑采取这种定价方法：

①产品难以估算成本；

②企业打算与同行和平共处；

③如果另行定价会很难了解消费者和竞争者对本企业的价格的反应。具体地说,当企业产品或服务的质量、服务等综合因素与同行业中大多数企业的相同因素比较,没有较大差异时,即同质产品市场条件下,无论此时是有较多的企业生产该类产品还是由于专利权、特许经营、政府政策限制导致只有少数几家企业允许生产该类产品的情况下,企业按照同行业的平均价格水平为依据来确定该产品价格往往是惯常采用的定价方法,这就是所谓的随行就市法。此时,就可使该企业产品价格与大多数同行企业的产品价格保持一致,在和谐的气氛中获得平均报酬。

当某企业产品的质量或服务、销售条件等因素与同类企业的相同因素比较有较大差异时,即异质产品市场下,企业有较大的自由度决定其产品价格。产品的差异化会使购买者对产品价格差异的存在不甚敏感。企业相对于竞争对手总是要确定自己的适当位置,或充当高价企业角色,或充当中价企业角色,或充当低价企业角色。总之,企业总要在定价方面有别于竞争者,其产品策略及市场营销方案也应尽量与之适应,以应付竞争者的价格竞争。此时,异质产品市场的企业产品价格的确定可采用如下公式计算：

$$本企业产品价格 = 用以比较的价格标准 \times (1 \pm 差异率)$$

另外,如果某种产品市场是完全垄断市场,即在该市场中由于专利权、政府规定等原因导致只有一家企业可以生产该类产品的市场,由于没有竞争对手,此时该企业产品定价不能用竞争导向定价法。在这种情况下,垄断企业往往从自身的利润角度去确定价格。

(2)投标定价法

这种方法一般是由买方公开招标,卖方竞争投标,密封递价,买方按物美价廉原则择优选取,到期当众开标,中标者与买方签约成交。这种方法往往是在买方市场(即产品供大于求的市场)中由买方掌握主动权来运用。运用此种方法和拍卖定价法时,企业对产品的定价权实际上已在某种程度上转移到了买方。

从企业来讲,为了能够以合理、科学的价格中标,必须认真选择和确定投标价格：一是要分析招投标条件和企业的主客观情况及能否适应招标项目的要求;二是计算直接成本,拟定报价方案;三是分析竞争对手的特点和可能报价,估计中标概率;四是计算每个方案的期望利润,并据此选择投标价格。一般来说,期望利润与

报价成正比,而与中标概率成反比。其计算公式为:

$$期望利润 = (报价 - 估计成本) × 中标概率$$

总之,在实际中企业定价的方法并不一定局限在所列举的这几种。随着管理科学的发展,企业管理方法、经验的丰富,信息技术和数量分析技术等的日趋成熟,必然会产生更科学、更合理的定价方法。而且,在运用定价方法进行定价时,也不能刻板地认为采用了一种方法就不能再吸取其他方法的精华去确定价格,不同的定价方法之间并不一定是相互排斥的,因此,要想制定出某种产品的合理的价格,还必须综合分析产品本身的相关因素、运用相应的方法去制定产品价格。

4.2.5　物流产品定价策略

企业在定价策略制订中往往会有多种多样和灵活善变的手段和技巧。

1)新产品定价策略

新产品定价得当,就可能使其顺利进入市场,打开销路,占领市场,给企业带来利润;新产品定价不当,就有可能使其失败,影响企业效益。因此,新产品定价既要遵从产品定价的一般原则,又要考虑其特殊的定价原则。

(1)常用的新产品定价基本策略

①撇油定价策略。这是一种高价策略,是指在产品生命周期的最初阶段,将新产品价格定得较高。在短期内获得丰富利润,尽快收回投资,这种定价策略犹如从鲜奶中撇取奶油,取其精华,所以称为"撇油定价"策略。

此种定价策略有以下几个优点:在新产品上市之初,竞争对手尚未进入,顾客对新产品尚无理性的认识,利用顾客求新求异心理,以较高的价格刺激消费,以提高产品身份,创造高价、优质、名牌的印象,开拓市场;由于价格较高,可在短期内获得较大利润,回收资金也较快,使企业有充足的资金开拓市场,在新产品开发之初,定价较高,当竞争对手大量进入市场时,便于企业主动降价,增强竞争能力,此举符合顾客对价格由高到低的心理。

当然,撇油定价策略也存在着某些缺点:高价不利于市场开拓、增加销量,不利于占领和稳定市场,容易导致新产品开发失败;高价高利容易引来竞争对手的涌入,加速行业竞争,仿制品、替代品迅速出现,迫使价格下跌;此时若无其他有效策略相配合,则企业苦心营造的高价优质形象可能会受到损害,失去部分顾客;价格远远高于价值,在某种程度上损害了顾客利益,容易招致公众的反对和顾客抵制,甚至被当作暴利加以取缔,诱发公共关系问题。

②渗透定价策略。这是与撇油定价策略相反的一种定价策略,为低价格策略,

即在新产品上市之初,企业将新产品的价格定得相对较低,吸引大量的购买者,以利于为市场所接受,迅速打开销路,提高市场占有率。

此种定价策略有两点好处:A.低价可以使新产品尽快为市场所接受,并借助大批量销售来降低成本,获得长期稳定的市场地位;B.微利可以阻止竞争对手的进入,有利于企业控制市场。

值得注意的是,采用此种定价策略,企业的投资回收期较长,见效慢,风险大,一旦渗透失利,企业将一败涂地。

采用此种定价策略,应具备如下条件:产品的市场规模较大,存在强大的潜在竞争对手;产品的需求价格弹性较大,顾客对此类产品的价格较为敏感;大批量生产能显著降低成本,薄利多销可获得长期稳定的利润。

③满意定价策略。这是一种介于撇油定价策略和渗透定价策略之间的定价策略,以获取社会平均利润为目标。所定的价格比撇油价格低,比渗透价格高,是一种中间价格。制定不高不低的价格,既保证企业有稳定的收入,又对顾客有一定的吸引力,使企业和顾客双方对价格都满意。此种定价策略优点如下:产品能较快为市场所接受,且不会引起竞争对手的对抗;可以适当延长产品的生命周期;有利于企业树立信誉,稳步调价,并使顾客满意。

对于企业来说,撇油策略、渗透策略及满意策略分别适应不同的市场条件,何者为优,不能一概而论,需要综合考虑市场需求、竞争、供给、市场潜力、价格弹性、产品特性、企业发展战略等因素才能确定。

（2）方法的选择

新产品的定价策略,各有其利弊,如何选择,主要取决于以下几个方面:

①企业服务能力的大小。服务能力大,能大量投放新产品于市场,宜采用渗透定价策略薄利多销,兼收大产量之利;反之,生产能力一时难以扩大,不如采取撇油脂定价策略为妥。

②新技术是否已经公开及是否易于实施和采用。如果竞争者易于加入,宜采用渗透定价策略,以便有效地排斥竞争者,减少竞争量;如新技术尚未公开,新产品称为"独生子产品",不妨采用撇油定价策略。

③需求弹性的大小。需求弹性小,可采用撇油定价策略;反之,宜用渗透定价策略。

④让顾客满意。有的企业处于优势地位,本可定高价取得最大利润,但为博得顾客良好印象,仍定一温和价格,既吸引购买,又得到各方尊敬,这就是被称之为介于以上两种定价法之间的"君子定价"或温和定价法。

2）折扣定价法

在大多数的物流服务市场上都可以采用折扣定价法。企业营销通过折扣方式可达到两个目的：折扣是对服务承揽支付的报酬，以此来促进物流服务的生产和销售（某些市场付给中间者的酬金）的产生；折扣也是一种促销手段，可以鼓励提早付款、大量购买或高峰期以外的消费。

（1）数量折扣

数量折扣是物流企业因货主需要服务的数量大而给予的一种折扣。它应向所有的货主提供。数量折扣分为累计折扣和一次数量折扣，前者是规定在一定时期内，购买量达到一定数量即给予的折扣。

（2）现金折扣

现金折扣是物流企业对以现金付款或提前付款的顾客给予一定比例的价格折扣优待，以促进确认成交，加快收款，防止坏账。这种折扣通常写成"2/10，全价30天"，其意思是若顾客在10天内付清款项，可享受2%的折扣，否则需在30天内按全价付清账款。

（3）季节折扣

季节折扣主要是物流企业在淡季给予顾客的一定价格折扣，以刺激顾客的需要。

（4）代理折扣

代理折扣是指物流企业给予一些中间商（如货运代理商、票运代理等）的价格折扣。

（5）回程和方向折扣

这是指物流企业在回程货运力供应富裕的运输线路与方向，给予的价格折扣，以减少运能浪费。

3）以满意为基础的定价

以满意为基础的定价的主要目标是减少与购买服务有关的感受到的风险，满足目标市场的价值要求，以满意为基础的定价可以通过提供承诺、利益导向的定价和报价定价等方法来实现。

（1）服务保证

对一项服务进行直接保证对于顾客来说可能是一个非常有力的保险。即使顾客体验物流服务后表示不满意，这个保证也将给予他们一个补偿，通常是降低价格或者是全部偿还。当服务保证执行成功时,它会代表企业对顾客满意的承诺以及对自己服务质量的自信。另外,没有哪一个人希望一家企业对一项较差的服务进行保证。任何一家企业都不应该轻率地采用这个方式。然而,一项服务保证是勇敢的一步,它要求企业对做出选择的原因进行彻底的分析,并且还要充分考虑风险。通过服务保证减少客户有关服务方面的风险,同时也激励本企业的员工充分理解和满足客户的需求。服务保证对于具备下列 3 个条件的企业是非常有意义的。

①销售高风险服务;

②希望充分利用本企业的高质量服务优势;

③要以差异化的途径进入市场,与早已存在的竞争对手抗衡。对于提供较差或一般水平服务的企业,在考虑使用保证之前,应大幅度改善其服务质量。

(2)利润驱动定价

利润驱动定价是直接针对能给顾客带来的收益进行定价。在运用利润驱动定价方式时,也应考虑顾客所不重视的方面。

对于一个服务项目,顾客重视的方面很可能由于顾客群的不同而不同。如将有关此类信息系统收集起来,将能为成功实施利润驱动定价提供保障。一般来说,定价必须在价格和顾客所重视的方面之间建立一个清晰的联系。例如,计算机信息服务以它们的复杂计价方案而受到人们的攻击。其收费是以顾客使用时间为计价标准的,但顾客真正重视的是他所浏览和搜查到的信息。在这种情况下,价值创造与定价并不协调。后来欧洲主要的信息服务公司 ESA—IRS 实施它的最新方案,是以顾客获取和观察的信息为计费标准。其结果是顾客使用计算机信息服务的时间延长,顾客对该公司的定价方案表示满意。

(3)包价定价

包价定价的概念是相当清楚的。它的主要目的是通过在服务交易前双方就同意接受一个固定价格来降低消费者对服务最终价格的不确定性。采用包价定价,服务提供者就意味着要承受价格上涨和过度需求的风险。

包价定价取得成功要具备 3 个条件:

①不变价格定价必须是具有竞争力的。如果顾客认为过高,那么既不能吸引新顾客,反而还会失去老客户。

②企业必须发展和维持一个高度有效的成本结构来为不可预测的成本超支提供一些缓冲。

③关系营销的潜力必须很大。即使不可预测的成本使一个物流产品项目的利润大大降低,也可用给顾客提供附加服务产生的利润来弥补。

4）关系定价策略

关系营销包括建立、保持并加强同顾客的关系（通常是指长期关系）。由于它的活力潜力对顾客的吸引力相当之大，越来越被认为是一种理想的营销策略。物流企业如果较长时期地为现有的顾客提供更多的物流服务，那么他肯定会从中获利。同样，顾客如果同物流公司建立了合作伙伴关系，也会从中获利。

物流企业营销人员要制定一个有助于同顾客形成持久合作关系的具有创造性的定价策略。这种定价策略能够刺激顾客多购买本企业物流服务而抵制竞争者提供的物流服务。为此，营销人员首先要理解顾客同企业发展长期关系的需要和动机，其次也要分析潜在竞争者的获利举动。一般来说，关系定价策略可以采用长期合同和多购优惠两种方式。

（1）长期合同

营销人员可以运用长期合同向顾客提供价格和非价格刺激，以使双方进入长期关系之中，或者加强现有关系，或者发展新的关系，使物流企业与顾客形成一种长期稳定的关系。来自于长期合同的可观稳定收入使物流企业可以集中更多的资源来拉开同竞争对手的差距。

（2）多购优惠

这个策略目的在于促进和维持顾客关系。它包括同时提供两个或两个以上的相关物流服务。价格优惠确保几种相关物流服务一次购买比单独购买要便宜。物流服务提供者将从多购优惠策略中获取 3 个方面的利益，

①多购能降低成本。大多数服务企业的成本结构是：提供一种附加服务比单独提供第二种服务要少。

②吸引顾客从一个物流企业购买相关的多种服务，顾客可以节省时间和金钱。

③多购优惠能够有效增加一个物流企业同它的服务对象之间联系点的数目。这种联系越多，那么企业获取顾客信息途径越广，了解顾客需要与偏好的潜力也会越大。这类数据信息如能充分利用，将会有助于企业同顾客发展长期关系。

5）效率定价

效率定价的主要目的是吸引那些寻找最好价格的、有经济头脑的消费者。"效率定价者几乎总是行业中的别出心裁者，他们避开传统的业务运行方式，寻求明显的成本优势。"西南航空公司和它不遗余力地降低成本的努力就是一个例子。西南航空公司通过飞行更短的、更直达的而不太拥挤的、费用更便宜的机场的航线来减少成本。不提供饭菜、乘客按先来后到的原则就座，它是第一家在所有航线上都推

行"无票"旅行的航空公司。

效率定价的重点是对于所给定的价格提供最好的、成本上最有效的服务。其业务运作是流水线的,能使成本进一步降低的创新成为公司文化的一部分。理解和管理成本是效率定价的最基本的基础。

6)差别定价

实施差别定价就是对于基本上同样的服务向不同的顾客收取不同的价格。顾客定价的这个方法是与服务的易损失性以及服务生产与消费的同时性有关系的。服务业中实行差别定价是一种可行的办法,这部分是由于顾客的需求弹性不同和组织平衡它的服务产品的需求和供应的需要所造成的。

为了适应货主、货物、运输路线等方面的差异,物流企业可以修改基本价格,实行差别定价。差别定价主要有货主差别定价、货物差别定价和运输线路差别定价。

7)产品组合定价

许多服务业都把成套定价作为战略性的定价方法。正像医生把诊断试验和身体检查结合在一起一样,许多服务组织也把他们所提供的多种服务捆绑在一起。一家服务组织选择与另外的公司形成联盟,把每一方所提供的服务捆绑起来。不管捆绑的形式或类型是什么,这种策略主要是创造了一种新服务。这种新服务能用来吸引新顾客,对现有顾客实现交叉销售,或者是留住老顾客。成套定价之所以在服务业有广泛应用,主要是因为服务业的固定成本/可变成本的比例高,成本共担的程度高,需求依赖的程度高等。

如果某种产品只是产品组合中的一部分,物流企业需要制定一系列的价格,从而使产品组合取得整体的最大利润。产品组合定价主要有产品线定价和单一价格定价。

8)高价位维持定价法

这是当顾客把价格视为质量的体现时使用的一种定价技巧。在某种情况下,某些企业往往有意地造成高质量高价位的姿态。凡是已经培养出一种特殊的细分市场,或已建立起特殊专署高知名度的物流企业,不妨使用此种以价格作为质量指标的定价方法。

9)牺牲定价法

这种定价方法是指一次订货或第一个合同的要价很低,希望借此能获得更多的生意,而在后来的生意中再提高价格的一种定价方法。以下市场情况适合采用此种做法。

①顾客不满意目前的服务供应者；

②买主不精通所提供的物流服务。

这种定价方式的最大不利之处是：起初的低价位可能成为上限价位。一旦此上限价位成立，顾客便会拒绝再加价。

4.2.6 课堂案例分析

营销怪才，巧定价格

吉诺·鲍洛奇是20世纪60年代的美国食品零售业大王，他的一生给我们留下了无数宝贵的商战传奇。

鲍洛奇的推销才干在他10岁那年就显露出来了。那时他还是个矿工家庭的穷孩子。他发现来矿区参观的游客们喜爱带些当地的东西作纪念，他就拣了许多五颜六色的铁矿片向游客兜售，游客们果然争相购买。不料其他的孩子立即群起仿效，鲍洛奇灵机一动，把精心挑选的矿石装进小玻璃瓶，阳光之下，矿石发出绚丽的光泽，游客们简直爱不释手，鲍洛奇也乘机将价格提高了4倍。也许正是这个有趣的经历，使得鲍洛奇对销售与定价总有独到的理解，以致在他一生的商业生涯中，他都非常注意制定销售价格的艺术。

鲍洛奇认为，以降价促进销售、击垮竞争对手，是零售业中一种重要的销售手段，也是他常用的一种手段。但他绝不一味地搞降价促销。如果产品的品质的确比别人高出一头的话，按优质优价的原则，价格当然要比别人高；再者，有许多因素促使顾客购买某件商品，一件商品的定价与别人雷同，是不能吸引顾客的注意力的，哪怕定价稍高，若消费者体会出物有所值的道理，一样会趋之若鹜的。

鲍洛奇深知，优质高档产品所带来的利润是低档产品所无法比拟的，高档高价便会有高回报。所以，鲍洛奇绞尽脑汁，在怎样才能使顾客对其产品形成高档产品的形象上大做文章。

一方面，他在产品的品质和广告宣传上下功夫。鲍洛奇曾生产一种中国炒面，为了给人耳目一新的感觉，他在口味上大动脑筋，以浓烈的意大利调味品将炒面的味道调得非常刺激，形成了一种独特的中西结合的口味，生产出了优质的中国炒面。同时，使用第一流的包装和新颖的广告展开大规模的宣传攻势，打出"中国炒面是三餐之后最高雅的享受"的口号。把中国炒面暗示成家庭财富和社会地位的象征。鲍洛奇这一做法相当成功。他把注意力主要集中在了大量中等收入的家庭上。他认为，中等收入的人家一般都讲究面子，他们买东西固然希望质优价廉，但只要有特色，哪怕价钱贵一些，他们也认为物有所值，他们是中国炒面生意的主要对象。所以针对他们的心理，鲍洛奇在包装和宣传上花了很多精力。果然不出所料，中等家庭的主妇们皆以选购中国炒面为荣，尽管鲍洛奇的定价很高，她们依然不以为贵。

另一方面，鲍洛奇很会揣摩顾客的心理，常常利用较高的价格吸引顾客的注意力。由于新产品投放市场之初，消费者对这种相对高价格商品的品质充满了好奇，很容易就激发了他们的购买欲，并且，一种产品的定价较高，可以为其他产品的定价腾出灵活的空间，企业就总能占据主动。

当然，这一切都是建立在产品的品质的确不同凡响的基础上的。有一次，鲍洛奇生产的一种蔬菜罐头上市的时候，由于别的厂商同类产品的价格几乎全在每罐5角钱以下，所以公司的营销人员建议将价格定在4角7分到4角8分之间。但鲍洛奇却将价格定在5角9分，一下提高了20%！鲍洛奇向销售人员解释说，5角钱以下的类似商品已经非常之多，顾客们已经根本感觉不到每一种商品有什么特别，并在心理上潜意识地认为它们都是平庸的商品。如果价格定在4角9分，顾客自然会将之划入平庸之列，而且还认为你的价格已尽可能地定高(已最接近5角)，你已经占尽了便宜，甚至产生一种受欺诈的感觉；若你的产品定价5角以上，立即就会被顾客划入不同凡响的高级货一类，定价至5角9分，既给人感觉与普通货的价格有明显差别，从而品质也有明显差别，还给人感觉这是高级货中不能再低的价格了，从而使顾客觉得厂商很关照他们，顾客反而觉得自己占了便宜。经鲍洛奇这么一解释，大家恍然大悟，但总还有些将信将疑。后来在实际的销售中，鲍洛奇掀起了一场大规模促销行动，口号就是"让一分利给顾客"，于是更加强化了顾客心理中觉得占了便宜的感觉，蔬菜罐头的销售大获全胜。这5角9分的高价非但没有吓跑顾客，反倒诱惑了顾客选购的欲望，公司的营销人员不得不佩服鲍洛奇真正工于心计。

后来，随着鲍洛奇经营中国食品的成功，效仿者日益增多，这已对鲍洛奇的高价策略形成了严重威胁。即使这样，鲍洛奇也决定不轻易降低产品的价格。道理很简单，如果商品价格总是下降，谁还敢抢先购买这种产品呢？而且，高价商品降到低价商品的价格，在消费者心中还有什么信誉，顾客会有一种被欺诈的感觉。一旦处于该产品积压的不利情况，许多平庸的商人都会选择降价推销的老套路，但鲍洛奇决不轻易如此，降低价格似乎永远不属于他思考的范畴。那么，如何处理积压产品呢，他采取赠送奖券、发放纪念品等形式，将产品堂而皇之地馈赠顾客。这样，既吸引了顾客，又保护了产品的定价。鲍洛奇的这种做法维护了自己的产品声誉，并为公司以后的发展留下了后路，是似拙实巧的一步妙棋。合理地运用定价艺术，使他在竞争中获得了相当大的主动权。

[案例思考]

说鲍洛奇是一位推销天才,不如说他是一位熟知人们心理的营销学家。他在决策之前,总能站在消费者的角度去思考问题,把顾客的心理揣摩得非常透彻。这是他敢于定高价,进行各种有效推销的资本。鲍洛奇的这一套销售方法较适用于哪一类商品。这类商品的消费特点是什么?

[提示]

鲍洛奇的这一套销售方法较适用于粮、油、食品这种相对价格弹性并不很大的商品。这类商品的消费特点是,价格变化对人们的需求影响并不太大。

4.3　满足客户需求的渠道

4.3.1　物流产品的分销渠道

1)物流企业分销渠道的基本模式

物流企业分销渠道是指促成产品或服务顺利地被使用或消费的一整套相互依存的组织。具体来说,是指在商品和服务从生产者手中向消费者手中转移的过程中,取得这种商品和服务的所有权或帮助所有权转移的一系列企业和中间商。分销渠道的始点是生产者(或制造商),终点是消费者或用户,中间环节包括商人中间商(因为他们取得所有权)和代理中间商(因为他们帮助转移所有权)。前者又包括代理商和经纪商。

物流企业营销的产品是无形的服务,其内涵与有形产品的分销渠道有所不同。一般而言,服务销售以直销最普遍,而且渠道最短;此外,还有许多服务业的营销渠道,还包括一个或一个以上的中介机构,因此,直销不是服务业市场唯一的分销方法。中介机构执行着不同的功能,例如,承担所有权风险;担任所有权转移的中介角色(如采购);或是担当实体移动(如运输)的任务。尽管中介机构的功能没有一致性,但服务企业在市场上可供选择的销售渠道主要有直销和经由中介机构分销两项。

2)物流企业分销渠道的类型

分销渠道可以按不同的标志划分为不同的类型。

(1)直接渠道和间接渠道

按企业的分销活动是否有中间商参与,分为直接渠道和间接渠道。直接渠道也叫零层渠道,是物流企业直接为物流服务的需求者提供物流服务。供需双方按合同要求实现物品的转移。采用这种方式,可以减少中间费用,便于直接与客户(货主)接触,便于控制运价,便于物流企业开展推销服务,密切物流企业与物流需求者之间的关系。

间接渠道是指物流企业通过一层或一层以上中间环节向客户提供物流服务。采用这种方式,可以利用中间商的丰富组织经验和广泛关系网,组织货源。但由于物流企业对中间商大多实行折扣价格、优惠政策等,会导致物流企业的利润减少。

（2）长渠道和短渠道

一般说来,中间环节越少,渠道就越短,一层渠道通常称为短渠道。而中间环节越多,渠道就越长,多层渠道通常称为长渠道。这种划分,有利于营销人员集中考虑对某些中间环节的取舍,形成或长或短,或长短结合的多种渠道策略。

（3）宽渠道和窄渠道

按渠道中每个层次的同类中间商数目的多少,分为宽渠道和窄渠道。宽渠道是指物流企业同时选择两个以上的同类中间商向物流服务的需求者实施物品分销服务。窄渠道是指物流企业在某一地区或某一产品门类中只选择一个中间商为自己销售产品,实行独家分销服务。一般来说,物流企业对一些生产资料和少部分专业性较强或较贵重的消费品提供物流服务时,可采用窄渠道进行。

3）分销渠道系统

分销渠道系统是指渠道各成员之间相互联系形成的一种体系。随着竞争与合作的加强,分销渠道及渠道中各成员之间的关系不是一成不变的。

纵观现在物流企业的分销渠道系统,大致有以下几种系统结构。

（1）直接渠道系统

传统的直接营销是指上门推销。随着科学技术的发展,特别是社会信息化,直接渠道系统内容日益丰富,有广告直销、电话直销、电视直销、邮购直销、网络直销、会议直销。形式五彩缤纷。尤其是互联网的商务化开发和普及,使物流企业进行网上销售,已成为一种具有广阔发展前景的被称为直复营销的直销形态。直复营销（direct marketing）即直接回应的营销,美国直复营销协会（ADMA）认为直复营销是一个互动的营销系统,它使用一种或多种广告媒体,以实现在任何地方产生可度量的回应（或）达成交易之目的。直复营销的主要方式有以下几种:

①网络营销,它是直复营销中电子购物的一种典型形式。

②目录营销,经营者编制商品目录,并通过一定的途径分发到客户,由此接受订货并发货的销售行为。

③直邮营销。

④电话营销。

⑤电视营销。

⑥其他媒体营销。

（2）垂直营销系统

垂直营销系统（vertical marketing system，VMS）是指由物流企业与中间商组成的统一系统，由具有相当实力的物流公司作为领导者。它们能够通过其规模、谈判实力和减少重复服务而获得效益。其主要类型有公司式、管理式和合同式。

①公司式垂直营销系统。它是由同一家物流公司拥有和统一管理若干个分公司和中间商来控制整个分销渠道。垂直一体化因为能对渠道实现高水平的控制，所以，很多物流企业喜欢用它。

②管理式垂直营销系统。它是由一个规模大、实力强的物流企业出面组织的，由它来管理和协调物流过程的各个环节，综合协调整个货源的组织和运输存储的渠道系统。

③合同式垂直营销系统。它是由不同层次的独立的物流企业和中间商在物流过程中组成的，以合同、契约等形式为基础建立的联合经营形式，目的在于获得比其独立行动时能得到的更大的经济和销售效果。例如，一个物流企业可以同时给予多家代理企业代理权，这种联合体的紧密程度逊于公司式。

（3）水平营销系统

水平营销系统是由两个或两个以上的物流企业联合、利用各自的资金、技术、运力、线路等优势共同开发和利用物流市场机会。这些公司或缺乏资本、或缺乏技能、或缺乏运力、或缺乏营运线路，无力独自进行开发和承担商业风险或者发现与其他公司联合可以产生巨大的协同作用。如汽车运输公司与铁路运输部门、航空运输联合形成的渠道系统；全球20家最大的集装箱航运公司中的6家组成的五大全球性班轮联盟。公司间的联合可以是暂时性的，也可以是永久性的，也可以创立一个专门公司。

（4）多渠道营销系统

多渠道营销系统是指一个物流企业建立两条或更多的营销渠道，以达到一个或更多的顾客细分市场的做法。通过增加更多的渠道，物流企业可以增加市场覆盖面，降低渠道成本，实行顾客定制化销售，更好地满足顾客需要，从而提高经济效益。但是，多渠道营销也有可能产生渠道冲突。因此，物流企业实行多渠道营销必须加强渠道的控制与协调，使多渠道系统健康发展。

4)中间商

物流业的特点决定了物流企业的中间商为代理商。代理商专门为物流企业组织货源,或为供需双方提供中介服务。

(1)基本类型

①经营型站场组织。这类经营型站场组织主要有港口、码头、机场、集装箱货运站、货物托运站等。

②货运代理人。货运代理人是指在以发货人和收货人为一方,承运人为另一方的二者之间行事的中间人。如在航运类中有订舱揽货代理、货物装卸代理、货物报关代理、理货代理、储存代理、集装箱代理、转运代理等。

(2)基本功能

在物流业中,中间商具有货源组织功能,物流信息咨询、服务功能等。

5)分销渠道变化趋势

伴随着新的商业事态的发展和渠道成员关系及营销策略的变化,分销渠道系统也在新的变化中呈现出新的发展趋势。分销渠道变化趋势表现为:

①渠道体制,由金字塔式向扁平化方向转变。

②渠道运作,由总经销商为中心,变为终端市场建设为中心。

③渠道建设,由交易型关系向伙伴型关系转变。

④市场重心,由大城市向地、县市场下沉,而且要向客户下沉这也是与物流企业促销策略相一致的。

⑤渠道激励,由让中间商赚钱变为让中间商掌握赚钱方法。

4.3.2 物流企业分销渠道决策

1)影响物流企业分销渠道选择的因素

物流企业分销类型的选择,是渠道决策中的一个重要内容。影响物流企业分销渠道的因素有很多,归纳起来主要有物品与服务(解决方案)、市场、企业自身以及宏观环境等因素。物流企业要对它们进行综合分析,以便做出正确的选择。

(1)物品与服务

物流企业进行渠道选择,既要考虑物流企业本身的运输线路、仓储能力和信息咨询服务能力,又要考虑所运送物品的性质,需要综合运用。如对于一些特殊货物,对运输线路与运输工具有特殊的要求,就不宜使用中间商来承担服务。从所运

物品来考虑,在选择分销渠道时要注意:

①物品的大小和重量。体积大、量重的物品,一般应尽量选择最短的分销渠道,以保证货物按期到达。如大型机电设备等,可以使用窄而短的分销渠道。

②物品的耐腐性。物品是否会迅速腐烂,容易损坏,是一个在实体运输和储存中非常关键的问题。易腐、易毁的物品,应尽量缩短分销途径,快速地把物品传递到顾客手中,一般都要求渠道较短。

③物流服务的标准化程度。一般来说,渠道的长度和宽度与物流服务的标准化程度成正比,标准化程度越高,可以使用较长的渠道。

④服务解决方案的技术性。技术要求比较复杂、运作过程要求较高的物流服务产品,可以使用窄而短的分销渠道。

(2)市场

市场因素主要考虑的因素有以下几个方面:

①目标市场的分布。目标市场的分布是指市场规模的大小和潜在顾客的密度。如果用户(货主)较为集中,则应采用较短的渠道;若货主较为分散,则应直接渠道和间接渠道相结合,充分利用间接渠道。如物流公司承担杂件班轮运输,一船货可能高达几百甚至上千票,面对众多的货主,不利用中间商是很难做好工作的。但对于像中远集团为三峡工程所做的大宗货物、特殊货物的运输,由于价值大、复杂、要求高,就适于直接服务,无需中间渠道参与。

②顾客(货主)的习惯。货主往往根据自身托运货物的数量、地点等因素来选择物流企业。对于每次托运数量不大的一般杂件,货主希望很方便地订舱,那么物流企业必须采用广泛的分销网络方能满足。对此,物流企业应该利用更多的间接渠道,使用更多的代理网点;反之,就可采用直接渠道或较为固定的相对较少的代理网点。

③销售季节。由于被运货物存在的季节性,导致了物流运输也存在着淡、旺季。一般而言,当物流市场呈淡季时,物流企业宜用直接渠道,在旺季时应较多采用间接渠道。

④竞争情况。由于物流企业之间在运输线路、运输工具具有一定的可替代性,因此,市场竞争会造成物流企业对分销渠道的选择。

(3)企业自身

企业自身的因素主要有声誉和资金、对分销渠道控制的愿望、营销能力和促销策略。

①声誉和资金。物流企业的自身情况,如规模、信誉、财力、发展规划以及营销策略等,都会影响到分销渠道的选择。声誉越卓著,资金越雄厚,越可以自由选择

分销渠道。如规模大、声誉好的物流企业可以建立自己的货运组织网络或者有固定的代理商,采用短而窄渠道甚至直接渠道。而实力较弱、名声不大的物流企业宜采用间接渠道。

②对分销渠道控制的愿望。如果物流企业希望有效地控制分销渠道,就应该建立短而窄渠道,基于这种愿望的实现,物流企业则需花费更大的成本,组建自己的货源组织网络等。若企业不希望控制渠道,那么就可选择较长的分销渠道。

③营销能力和促销策略。若物流企业的现有的营销机构和人员配备强,营销实力雄厚,则可以使用较短的营销渠道,否则就需要更多的中间商帮助开拓市场,营销渠道可以长些。如果物流企业实行"推"的策略,就应该用短渠道;如果企业实行"拉"的策略,则宜用间接渠道。

（4）宏观环境

宏观环境对选择渠道也有较大的影响。国家政策、法规及国际惯例都可能限制某些营销渠道的安排,如对运价的调整、产品检验规定、网点的设置甚至运输线路的选定。

2）分销渠道设计决策

物流企业分销渠道的设计主要包括如何确定渠道模式、确定中间商的数目以及明确分销渠道成员的权利与责任。

（1）确定渠道模式

物流企业选择分销渠道,不仅要求保证将物品及时送到目的地,而且要求选择的分销渠道效率高,营销费用少,能取得最佳的经济效益。因此,企业在选择分销渠道之前,必须综合分析本企业的战略目标、营销组合策略以及其他影响分销渠道选择的因素,确定渠道模式,如是否采用中间商,分销渠道的长短、宽窄,具体渠道成员等。渠道模式的选择主要是指物流企业需不需要中间商（涉及短渠道还是长渠道、固定渠道还是流动渠道）参与,如果需要,如何来选择和确定。如果不需要,就直接面对用户进行营销活动。

（2）中间商的选择

①选择中间商的条件。中间商是物流企业分销渠道的重要组成部分。企业对中间商的选择应考虑以下条件:

A.中间商的市场范围。这是选择中间商最关键的因素。中间商的经营范围应该与物流企业服务内容和服务面（如运输线路的覆盖面）基本一致,能够帮助物流企业在目标市场开展营销活动。

B.中间商的资金力量、财务和信誉状况。资金力量雄厚,财务状况良好,信誉度高的中间商,有利于形成物流企业与中间商的联合。否则,中间商的财务状况不好,信誉度不高,不仅不利于物品的有效传递,其至给物流企业带来风险。

C. 中间商的营销管理水平和营销能力。中间商经营管理好,工作效率高,则营销能力就强,就能提高对用户的服务能力。

D. 中间商对物流企业产品的熟悉程度。中间商对企业的产品越熟悉,就越容易把产品介绍给顾客,从而提高产品的市场占有率。

E. 其他方面。中间商的促销政策和技术,中间商的地理环境和位置以及中间商预期合作程度等,都是物流企业在选择中间商时所要考虑的。

②确定中间商的数目。物流企业决定采用中间商来共同完成物流活动,就涉及到了分销渠道选择的具体策略问题,即决定渠道的宽度。分销渠道宽度是指分销渠道中的不同层次使用中间商数目的多少。这主要取决于物流企业产品自身的特点、市场容量的大小和需求面的宽窄。物流企业决定在每一渠道层次使用中间商数目的多少,可以形成以下 3 种可供选择的分销渠道策略:

A. 密集分销策略,也叫广泛分销策略,是一种宽渠道分销策略。指物流企业在同一渠道环节层次上,尽可能通过中间商来完成物流服务活动。这种策略能够与潜在顾客广泛接触,广告的效果好,容易组织更多的货源,但渠道不易控制,与中间商的关系也较松散。

B. 选择分销策略,是指物流企业在某一地区有选择地确定几个具有一定规模和丰富市场经验的中间商,从事分销活动。采用这种策略有助于物流企业加强对渠道的控制,保持与中间商的良好合作关系,减少中间商之间的盲目竞争,提高渠道运转效率。但中间商也会对物流企业提出一定的条件和要求。鉴于物流企业的特点,选择分销的策略较多地被采用。

C. 独家分销策略,也称为集中分销策略,是一种窄渠道分销策略。主要是指物流企业在一定的市场区域内仅选用一家经验丰富、信誉很好的中间商为本企业推销产品和组织货源。双方一般都签订合同,规定双方的销售权限、利润分配比例、销售费用和广告宣传费用的分担比例等;规定在特定的区域内不准许物流企业再找其他中间商推销其产品,也不准许所选定的中间商再推销其他企业生产的同类竞争性产品。其优点是:易于控制市场的销售价格;可以提高分销商的积极性和销售效率;有利于产销双方较好地合作。其缺点是:物流企业在该地区过分依赖该中间商,易受其支配;在一个地区选择一个理想的中间商很困难,若选择不当或客观条件发生变化,可能会完全失去市场;一个地区只有一个中间商,可能会因为推销力量不足而失去许多潜在顾客。鉴于物流企业的特点,一般不宜采用独家分销策略。

（3）明确分销渠道成员的权利与责任

物流企业通过某种形式与渠道成员建立了双方合作关系,必然要规定出与中间商之间彼此的权利与责任。明确分销渠道成员的权利与责任主要有价格政策、销售条件、地区划分以及双方应提供的特定服务等内容。

①价格政策。物流企业通常根据制定出的价目表和折扣明细表,对不同类型的中间商及其任务完成情况,按制定的标准给予一定的价格折扣或优惠条件。如海运企业一般给代理商按代理订舱数量给予一定比例的订舱佣金。

②销售条件。销售条件中重要的是付款条件。对于提早付款或按时付款的中间商,物流企业可以根据付款时间给予不同的折扣。在航运界按惯例除付款放单外,基本是规定在船舶开航一个月内或代理商收到航运企业运费账单后若干天、一个月内支付运费。当然,物流企业须对中间商的所有服务提出一系列的要求,如制单、报关、签单、仓储、拆装箱等。

③中间商地区权利。物流企业应当对中间商的地区权利要求明确,中间商关心在同一地区或相邻地区,物流企业有多少中间商和物流企业给予其他中间商的特许经营范围。物流企业应该给中间商一切方便,如提供各种信息(航班、船期、配舱、运输工具动态等)。

④双方权利与责任。物流企业和中间商应通过一定形式,明确双方的权利与责任,如广告宣传、业务范围、责任划分、人员培训、信息沟通等。

3）分销渠道管理

渠道管理的内容包括在了解渠道冲突原因基础上,对渠道成员进行选择、激励、评估以及必要的渠道调整。

（1）分销渠道冲突

分销渠道中渠道成员之间利益的暂时性矛盾称为冲突。一般而言,渠道冲突主要有垂直渠道冲突和水平渠道冲突两种。

①垂直渠道冲突。这种冲突是指同一营销系统内不同渠道层次的各企业之间的利益冲突,又称为纵向冲突。它表现为中间商同时销售了竞争者的同类产品而引发的冲突。由于物流企业的产品是无形的,与有形产品不一样,所以物流企业的代理商完全可以同时代理几家同类物流企业,这种现象是普遍和正常的,由此而引发的冲突可以说是客观存在的。

对这类冲突,物流企业应强化系统内的职能管理,增加渠道成员间的信任,加强信息的传递和反馈。

②水平渠道冲突。这种冲突是指同一营销系统内同一层次的各企业之间的冲

突,又称为横向冲突。如果同一层次上选择众多中间商分销,则可能造成中间商之间相互抢生意的情况。对这种冲突,物流企业一般通过各种条令、规则来消除。

（2）选择渠道成员

作为一个物流企业,须明确中间商的优劣特性,通常要评估中间商经营时间的长短及其成长记录、清偿能力、合作态度、服务能力、声望等。当中间商是销售代理商时,还需评估其经销的其他产品大类的数量与性质、推销人员的素质与数量。

（3）激励渠道成员

作为一个物流企业,不仅要选择中间商,而且还要经常激励中间商使之尽职。促使中间而进入渠道的因素和条件已构成一部分激励的因素,但还需不断地监督、指导与鼓励。激励渠道成员使其具有良好表现,必须从了解各个中间商的心理状态和行为特征入手。如中间商是否重视某些特定品牌的销售;是否缺乏相关产品知识;是否认真使用物流企业提供的广告资料;是否忽略了某些顾客;能否准确地保存服务记录。

激励是通过采取一定措施提高中间商与物流企业合作的有效方式。激励方式一般可采用奖励、惩罚和分享部分管理权等方式。

要注意尽量避免激励过分和激励不足两种情况。当物流企业给予中间商的优惠条件超过它所取得合作与努力水平所需条件时,就会出现激励过分的情况;当企业给予中间商的条件过于苛刻,以至于不能激励中间商的努力时,则会出现激励不足的情况。激励通常是以交易组合为基础。若是对中间商激励不足时,可采取提高中间商可得的毛利率,放宽信用条件,或改变交易关系组合,使之更有利于中间商。

（4）评价渠道成员

物流企业必须定期按一定标准衡量渠道成员的表现,要对渠道经济效益进行评估,要对渠道控制力进行评估。评价内容有营业配额完成情况、平均存货水平、向顾客交货时间、对损坏和遗失物品的处理以及与本企业的合作情况等。

（5）调整渠道系统

物流企业设计了一个良好的渠道系统后,不能放任其自由运行而不采取任何调整措施。事实上,为了适应市场需要的变化,整个渠道系统或部分渠道成员必须加以调整。企业分销渠道的调整可从3个层次上来考虑。从经营层次上看,其调整可能涉及到增减某些渠道成员;从特定市场的规划层次上看,其改变可能涉及到增减某些分销渠道;在企业系统计划阶段,其改变可能涉及到在所有市场进行经营的新方法。

①增减某些渠道成员。在考虑渠道改进时,通常会涉及到增减某些中间商的问题。要通过分析弄清这样一个问题,即增减某些渠道成员后,企业利润将如何变化。

②增减某些分销渠道。物流企业也会常常考虑这样一个问题,即它所使用的所有分销渠道是否仍能有效地将物品送达某一地区或某类顾客。这是因为,企业分销渠道静止不变时,某一地区的购买类型、市场形式往往正处于迅速变化中。企业可针对这种情况,借助损益平衡分析与投资收益率分析,确定增减某些分销渠道。

③调整整个渠道。对物流企业来说,最困难的渠道变化决策是调整整个渠道,涉及到整个市场营销系统。调整整个渠道往往在物流市场发生某种重大变革时,经企业高层领导决定才会出现。这些决策不仅会改变渠道系统,而且还将迫使物流企业改变其市场营销组合和市场营销政策。

4.3.3 课堂案例分析

"满足客户需求"比低价更好

用低价吸引团购客户的策略,容易使企业陷入"微利的陷阱"。相形之下,"满足客户需求"比低价更有效。唐明是一家百货商场的团购经理,每次接到业务后,他总是努力挖掘客户的根本需求,然后予以满足,赢取订单。以下几个业务案例显示了唐明娴熟的运作市场的方法和技巧。

案例 1

碧莲公司的微波炉

一天,唐明收到了老同学刘同的一份邮件:"我换单位了,现在碧莲化妆公司任市场部经理。公司通过加盟连锁方式,在众多城市设立了省级代理和办事处,零售点数量接近800家。最近筹划了一个为期3个月的'美丽自己,美丽家人'主题的全国促销活动,凡购买碧莲化妆品达到500元,就能获赠微波炉1台。微波炉的事情,想请你帮我解决。"看完邮件,唐明美美地回忆起上次与刘同的合作:1万盏台灯,从供应商那里取货后,直接让司机转到刘同企业的成品仓。过程简单,利润丰厚……刘同此时打来电话,大意是他要到北京出差一段时间,如果唐明认为交易难度不大,他就直接向公司汇报由唐明处理此事。放下电话后,唐明感觉不对,刘同怎么没有告知数量呢?他谨慎地再看了一遍邮件:全国举行,为期3个月,化妆品的单价这么高,达到500元的消费额就可以获赠,那得需要多少台微波炉?要满足这次促销,碧莲的采购数量是相当巨大的。唐明不想辜负老同学的拜托,也不愿意在和碧莲洽谈时还没有做好准备工作。于是,他根据多年经验对碧莲公司的需求量进行了估计,假设每个零售点每月需求20台微波炉,那碧莲公司的需求量将接近5 000台。唐明得先了解清楚是否能在合约期内保证货源的供应。另外的问题是仓储,碧莲是一家制造外包的公司,不一定拥有仓库。唐明必须充分考虑到这一点。

随即,唐明安排业务员提前与熟悉的电器厂家联系,询问货源是否充足、提货需多长时间、一次购买3 000台包含运费的价位、一次购买1万台的价位。得到的答复是货源充足,可以随到随提货。另外,厂家最近重点推广电脑控制的微波炉,老式的机械式微波炉价格目前比较低廉。

为了避免碧莲公司一旦真的没有仓库存放货物的尴尬问题,唐明必须提前找到备用仓库。

一切事宜准备好后,唐明来到碧莲公司,最终确认交易数量是6 800台微波炉。碧莲公司自己都没有想到货物存放问题,唐明替客户想到了,并提前准备好了。唐明轻松地得到这笔交易,还因此成了碧莲公司的签约供应商。

案例2

福利院的食用油

几年前,某民政局为了更好地开展社会养老服务,成立了穗和福利院。福利院为老人们提供优质的食宿、医疗、服务等,受到老人们的喜爱。临近春节,福利院来电话说,希望采购一批价位不太高的食用油。唐明得知消息回到家后,看到电视正在播放记者采访福利院院长的新闻,院长透露将在春节前采购一些物品,赠给区域内没有在福利院住宿的老人。敏感的唐明立即产生了疑问,难道福利院采购这些食用油就是赠予没有在福利院住宿的老人吗?那些住在福利院的老人们呢?唐明断定福利院一定还会有更大的需求。

第二天一早,唐明让业务员去了解情况。业务员回来说,福利院暂时没有在春节给住宿老人发放物品的计划。唐明首先考虑公司是否拥有一些价格低廉或品种新颖的产品,结果发现进货价和同行相比基本相同,也没有独特的新品种。按照过去的经验,价位低、质量好、性价比高的产品,达成交易会比较顺利。怎样才能让福利院在这次交易中得到额外利益呢?唐明思索着。

这时,有人插话问唐明商场开团拜会表演节目的事。唐明立刻想到福利院也需要开春节团拜会,能否把商场的团拜晚会移师到福利院举行? 对,让商场为福利院承办春节团拜活动! 这样,商场既能节省部分场地费用,也能为福利院提供额外利益。唐明迅速与福利院联系,在报价的同时提出"我们愿意承办福利院的团拜活动"。福利院院长非常高兴,同时接受了报价。

然后,唐明立即起草新闻稿,传给各媒体。他希望通过公司与福利院联手举办团拜晚会的活动,让公司在消费者心目中树立一个良好的社会形象。结果,团拜活动当晚,公司名称和福利院老人们的笑脸同时出现在电视上,次日又被刊登在报纸上。公司的美名传开了。

[案例思考]

在这几项业务中,唐明不是通过低价,而是通过更好地满足团购客户的需要赢得了生意。团购客户有哪些基本特征? 业务员应针对客户购买特征开展哪些活动?

[提示]

通过唐明的几项业务我们可以看出,团购客户有以下几个基本特征:采购的产品通常并非是自己熟悉的产品;一次购买的数量较大;追求产品的高性价比。因此,业务员可以针对客户购买特征开展如下活动:承担起替客户挑选推荐产品的责任;替客户解决好货源、仓储等问题;在客户追求高性价比产品的情况下,业务员向客户提供物美价廉的产品是对的,但在竞争激烈的今天,如果能够向客户提供更多的附加利益,则更容易打动客户。

4.4 满足客户需求的促销策略

4.4.1 促销的含义和方式

1)物流企业促销的概念

促销(promotion)是指企业把产品和提供服务的信息通过各种方式传递给消费者和用户,促进其了解、信赖并购买本企业的产品或服务,以扩大产品销售为目的的企业经营活动。促销的实质是企业与消费者或用户之间的信息沟通。

现代物流企业通过一系列的活动,一方面向客户提供产品运输、仓储、配送等服务,另一方面向客户提供更为重要的增值服务和信息服务等。物流服务具有非实体性和不可储存性的特点。因此,物流企业促销就是物流企业把其向客户提供物流服务的方式、内容、信息等通过一种或几种有效的途径传递给客户以达到吸引客户,提高企业业务量,增加利润目的的企业经营活动。

2）物流企业促销的主要方式

目前,我国物流企业市场营销的水平参差不齐,促销手段比较单一。实际上物流企业在促销中可以使用的方式有很多,主要包括人员推销、广告宣传、营业推广、物流服务展示4种主要方式。

（1）人员推销

人员推销是一种最直接的推销方式,它是物流企业派出或委托推销人员,向客户或潜在客户面对面地介绍本企业所提供的服务,以获取更多的业务量。由于在人员推销过程中信息沟通是直接的,不仅可以促成交易,而且有利于推销人员配合企业整体营销活动来发现并满足客户的需求,使企业与客户建立长期稳定的业务联系。因此,人员推销是物流企业促销活动中最重要的一种推销方式。

（2）广告

广告(advertise)是为了某种特定的需要,物流企业通过一定形式的媒体,并支付一定的费用,公开而广泛地向公众传递信息的宣传手段。广告是一种典型的非人力推销方式。物流企业的广告促销通过综合运用文字、声音、图像、色彩等手段,增强信息传递的表现力,使客户易于接受。同时由于广告具有公众性,有助于物流企业树立良好形象,提高其知名度。因此,在4种促销方式中,广告是仅次于人员推销的一种重要的促销方式。

（3）营业推广

营业推广是为了在短期内能迅速刺激物流服务需求,吸引客户,增加物流企业业务量的各种促销方式。随着市场竞争的日益激烈,营业推广的使用日益受到重视。但它只是一种在短期内效果明显的促销方式,企业不宜经常使用,以防止急功近利、陷入促销的误区。

（4）物流服务有形展示

物流服务产品在消费之前是无法感受到的,因此顾客在购买服务时总会心存疑虑,好在物流服务的提供需要某些物质因素的支撑,如搬运工具、仓库、流通加工设备等,它与服务内容及服务水平密切相关,成为人们判断服务标准的有形线索。物流企业便可以通过"有形展示",开展营销活动,帮助客户识别和了解物流服务。物流服务有形展示成为物流服务销售的一种有效方式。

4.4.2 物流领域的人员推销

（1）人员推销的含义

人员推销是指物流企业派出推销人员或委派专职推销机构向目标市场的客户及潜在客户推销物流服务产品的经营活动。人员推销以其独特的优势成为物流企业生产经营活动的重要内容和主要环节，也成为物流促销组合中最不可缺少的促销方式，在现代物流企业市场营销中占有相当重要的位置。

（2）人员推销的特点

①信息沟通的双向性。推销人员通过与客户联系、接触洽谈，一方面向客户传递有关物流企业及其提供服务的信息，另一方面也可以及时了解客户对物流服务的要求。在推销人员与客户之间存在着双向的信息沟通。

②促销方式的灵活性。推销人员与客户保持直接的联系，可以根据各类客户对物流服务的不同需求，设计不同的推销策略，并在推销过程中随时加以调整。在与客户进行交流的同时还可以及时发现和挖掘客户的潜在需求，通过努力扩大对客户的服务范围，尽量满足客户的需求。

③沟通对象的针对性。推销人员在每次推销之前，可以选择有较大购买潜力的客户，有针对性地进行推销，并可对未来客户作一番调查研究，从而拟定具体的推销方案、推销目标和推销策略等，以强化推销效果，提高推销的成功率。这是广告所不能及的。

④沟通过程的情感性。推销人员在推销过程中与客户面对面地接触，双方可以在单纯的买卖关系的基础上，交流情感，增进了解，产生信赖，从而建立深厚的友谊。推销人员与客户之间感情的建立，有利于企业与客户之间建立长期的业务关系，保持企业的市场份额。

⑤推销人员角色的双重性。推销人员在向客户推销本企业的产品时是推销员；同时，他还能及时听取和观察客户对企业及服务的态度，收集市场情况，了解市场动态，并迅速予以反馈，使企业的经营更适合客户的需求。此时，推销员又成了企业的"市场调查员"。

（3）人员推销的任务

人员推销的主体是物流企业的推销人员，虽然各个企业推销人员因企业经营范围和经营规模不同而有所不同，但推销人员的主要任务是基本相同的：

①寻找顾客。推销人员不仅要维持与已有客户的业务联系，更重要的是在市场中寻找机会，挖掘和发现潜在需求，创造新的需求，寻找新的客户，开拓市场。

②传递信息。物流企业的推销人员应及时将本企业提供的服务的信息传递给

客户,为客户提供便利并帮助客户做出购买决策。

③推销商品。推销人员在与客户接触过程中,分析客户现实和潜在的需求,并通过运用各种推销策略和技巧,满足客户的需求,诱导客户做出购买决策,实现购买行为。

④收集信息。物流企业经营所需要的信息有很大一部分源于客户,推销人员是联系企业与客户的桥梁与纽带,是企业收集信息的重要渠道之一,推销人员在推销过程中,及时了解客户需求的变化情况,收集市场信息并及时反馈为企业的经营决策提供第一手资料。

⑤提供服务。推销人员在推销过程中向客户提供各种服务,如咨询、解决技术问题、向客户提供相关信息等。

(4)人员推销的过程

①寻找并识别目标客户。推销过程的第一步是找出潜在的有购买力的客户。寻找客户的方法有很多既可以向现有客户了解;也可以通过诸如参加社交活动、查阅工商名录、电话号码簿等发掘潜在客户。还可以利用朋友介绍或通过社交团体与推销员之间协作等间接寻找。推销员寻找到潜在客户以后,再通过查看他们的经济实力、交易额、特殊需求、地理位置及发展前景等找出适合发展业务关系的潜在客户。

②推销前的准备。在接洽一个潜在客户前,推销员必须做好推销前的准备工作。首先应收集该客户的有关资料,包括客户的经营范围、经济实力、可能对物流服务产生需求的业务项目、拥有购买服务决策权的人员等,在此基础上,做出相应的有关服务的信息、说服方式、推销方案等,以便使推销服务更积极主动,效率更高。

③约见客户。在做好了充分准备以后,推销人员就要按计划约见客户。在接触客户时,推销人员应注重礼节、保持自信,争取给对方一个良好的第一印象。

④推销洽谈。推销洽谈是运用各种推销技巧说服客户购买的过程。这里的关键是针对本企业提供服务的特点及其为客户带来的好处进行耐心的介绍。在介绍时如果能借助有关服务的宣传册、配套图片、幻灯片等,效果会更好。

⑤应付异议。在进行推销洽谈的过程中,客户几乎总会对企业提供服务的某些方面产生疑虑、甚至异议。推销人员应及时发现客户的疑问,采取主动的方式向客户提供更多的信息,为客户排除疑虑。

⑥缔结合约。推销员成功地消除了客户的疑虑后,应抓住时机,促成客户达成购买行为。

⑦售后服务。双方达成交易,并不意味着推销过程的终止。跟踪售后服务能

加深顾客对企业和服务的信赖,促使客户重复购买。同时也可获得各种反馈信息,为企业决策提供依据。

（5）人员推销的策略

推销人员可以运用的策略有很多种,这里介绍3种比较常用的策略。

①"刺激—反映"策略。它基于刺激—反映这一心理过程,在推销员不了解客户需求的情况下,通过使用正确的刺激性语言、图片、文件和行动等说服客户购买。这种策略在上门推销和电话推销物流服务时效果较好。

②"启发—配方"策略。这也是基于刺激—反映这一心理过程,推销员实现争取与客户一起讨论客户的业务项目,弄清客户的需求和态度。然后推销员再向客户陈述介绍企业所提供的服务,说明企业的业务项目如何能满足客户的需求,引起客户的兴趣,推动交易的达成。

③"需要—满足"策略。这种策略是通过推销员与客户的交流,使客户意识到自己的真正需求,并希望满足这种需求。推销员站在客户的立场上向客户推荐本企业所提供的服务,使客户感到推销员成了他们的参谋,从而较顺利地推动成交。

小资料

推销工作面对的各种异议

在面谈中顾客往往会提出各种各样的购买异议。这些异议可分为:①需求异议:顾客自以为不需要推销的商品。②财力异议:顾客自以为无钱购买推销品。③权力异议:也称决策权力异议,指顾客自以为无权购买推销品。④产品异议:指顾客自以为不应该购买此种推销品的一种异议。⑤价格异议:指顾客自以为推销品价格过高的一种异议。另外还有货源异议、推销人员异议、购买时间异议等。

（6）人员推销的管理

人员推销的管理是企业对推销人员的活动进行分析、计划、实施和控制的过程。它包括筹划人员推销的组织结构以及对推销人员的选聘、培训、激励与评估。企业只有通过一系列的管理和控制活动,才能把推销人员融入其整个经营管理过程,使之为实现企业目标而努力。

①人员推销的组织结构。通常物流企业都设有负责推销业务的专职部门——"销售部"或称"业务部"、"市场营销部"等。销售部的主要职能就是为物流企业获取更多的业务。目前,大多数物流企业的销售部的设置和工作通常都是在企业营销总经理的领导下进行的。根据物流服务市场的特点,物流企业人员推销的组织

结构可以按以下类型设计。

A.地区型结构。在这种结构中,每名推销员负责一个区域,负责与那个地区的所有客户联系并向其推销本企业提供的服务。这种组织结构的优点是:a.推销人员责任明确,对所辖地区销售业绩负有直接责任;b.有利于推销人员与当地客户建立固定联系,提高推销效率。c.由于每个推销人员所辖客户相对集中,可以适当节省差旅费。

B.客户型结构。即按照客户类型分配推销人员。通常可以按照行业类别、客户规模等对客户进行分类。这种结构的优点是:推销人员可以更加熟悉和了解自己的客户,掌握客户对物流服务的特殊需求。其缺点是往往每个推销人员所负责的客户比较分散,差旅费用较高。

C.业务型结构。它是指按照物流企业提供服务的不同业务类型分配推销人员。这主要是针对提供综合物流服务的企业设计的组织结构类型,通常这类企业可以提供包括仓储、运输与配送、流通加工、物流咨询等服务,企业可以按照不同业务选派不同的推销人员。这种类型的优点是推销人员比较专业化,其推销活动更有针对性。其缺点是推销工作缺乏整体观念,易产生多头领导和部门冲突。

②销售人员的选聘与培训。

A.推销人员的选聘。推销人员的素质对于实现企业促销目标、开拓市场具有举足轻重的作用。推销人员的选聘工作尤其应重视对这些人员素质的考核。物流企业对推销人员素质的要求具体包括:思想素质、知识素质、业务素质、身体素质、心理素质等。物流企业在选聘推销员时,应主要从这几个方面对应聘者进行综合考核,择优录用。

B.推销人员的培训。为提高推销人员的工作能力,使其适应推销工作的要求,物流企业一般都应对推销人员进行严格的培训。培训的内容一般包括企业情况介绍、业务知识介绍、客户情况介绍、推销方法和技巧培训等内容。

(7)推销人员的激励与评估

①推销人员的激励。物流企业要达到良好的促销目标,必须建立以奖励和监督为主的激励机制来促使推销人员努力工作。奖励主要包括经济报酬和精神鼓励两种。监督的主要手段有:推销定额、销售报告、沟通情况等。

②推销人员的评估。推销人员的评估是企业对推销人员工作业绩考核与评估的反馈过程。它不仅是分配报酬的依据,而且是企业调整市场营销战略、促使推销人员更好地为企业服务的基础。

企业对推销人员的评估,应做好以下工作:

A.要掌握和分析有关的评估信息。评估信息的主要来源是销售报告。

B. 要建立评估的指标。主要的评估指标有销售量、毛利、每天访问次数及每次访问的时间、访问的成功率、平均订单数目、销售费用与费用率等。

C. 实施正式评估。评估的方法有两种,一是比较不同推销人员在一定时期的销售绩效。二是把推销人员目前的绩效同过去的绩效相比较。比较的范围包括销售额、销售费用、新增客户数、失去客户数等方面。

4.4.3 课堂案例分析

一次成功的上门推销

1999 年 3—4 月间,美华达有限公司作为广州阳光袜业有限公司在武汉地区的总经销商,在武汉高校学生宿舍中开展了一场"阳光牌"丝袜推销活动。

具体做法是:美华达有限公司的推销人员携带并出示工作证和身份证,到每一间学生宿舍用现场比较和现场演示的方法,进行产品介绍和推销。推销人员两人一组,一人身背"阳光牌"丝袜和其他品牌的样品袜,另一人专门向学生介绍产品。他们先敲门,当学生开门后,第一句话是:"您好,打扰你们了。我是美华达公司的推销员,我能进来吗?"对于司空见惯的形形色色的推销员,学生都有一种说不出来的反感,但不知是出于好奇还是推销员的礼貌,绝大多数的学生都把他们让了进来。进来后,他们首先出示了自己的证件(身份证和美华达公司的有关证件),然后开门见山地说:"各位同学,今天向你们推荐我们公司的最新产品——'阳光牌'天鹅绒丝袜。"推销员不卑不亢、彬彬有礼的第一句话,给了大家一个好的印象。接下来,他向学生介绍说,"阳光牌"丝袜是利用新技术纺织出来的一种新型丝袜,采用天鹅绒丝等高级原料,经过特殊工艺加工制成,具有耐磨、吸汗、弹性好、不抽丝等独特优点。为了证明这些优点,他自己抓住袜子的一头叫另一名同学全力拉袜子的另一头,拉长后一放手,袜子立刻恢复原状,没有任何变形。然后,他又拿出一双其他品牌的样品袜做同样的试验,袜子拉长后一放手,就再也恢复不了原状了。接着他拿出一根钢针,穿过袜子拉划,果然没有出现抽丝现象,而用其他品牌的袜子做同样的试验,马上就显现出区别:钢针拉划袜子后带出了抽丝。在现场示范的全过程中,他始终说:"我们希望大家无论买不买,都帮忙宣传一下,有意见也请反映。这位推销员还告诉同学:"'阳光牌'丝袜在武汉地区各大商场均有销售,两双为一包,价格在 10 元左右。现在是产品促销推广期间,5 元一包,另外买 3 包送 1 包。"由于大家亲眼目睹了阳光牌丝袜的性能,价格又便宜,比较实惠,于是纷纷购买。有的寝室 6 个人有 5 个人买了,没买到的一个人是因为当时不在寝室,回来后还懊悔不已。最后推销人员十分有礼貌地结束了推销活动,并表示感谢,然后,很客气地带上房门出去了。有一名推销员在一个中午就推销出去 100 多双袜子。

[案例思考]

美华达有限公司作为广州阳光袜业有限公司在武汉地区的总经销商,在武汉高校学生宿舍中开展的这一场"阳光牌"丝袜推销活动,推销人员其成功的原因在哪些方面? 透过这个实例,我们可以看出上门推销的有哪些基本规律和技巧?

[提示]

推销人员这次成功的人员推销活动其成功的原因在于:

①推销员素质较好。在推销盛行的今天,推销员本人表现出来的礼貌程度、口才和现场演示产品功能的技术水平,是其推销成败的关键。"阳光牌"丝袜的推销员比较懂礼貌,注重礼仪小节,给消费者的第一印象较好;同时善于言辞,说话鼓动性强,使消费者跃跃欲试;更重要的是现场演示技术熟练,不到5分钟的时间,就完成了演示过程。尤其是用针穿过袜子拉划,划过之处竟无任何痕迹,就像变魔术一样,使目击者不得不佩服其产品质量卓越不凡。

②推销时间恰到好处。每年的3～4月间,武汉气温明显转暖,正是人们要换掉厚袜子穿薄袜子的时候,该公司的推销人员把丝袜送上门来,正好迎合了同学们的需要。

③现场演示揭示了促销产品的主要优点。众所周知,袜子最容易破损的地方就是脚趾所顶的前部,特别是年轻好动、喜欢打球、跑步的学生们,经常一双袜子不到一个月就穿破了。阳光牌丝袜两头拉不破、连针都划不破的耐穿特点正好符合学生对袜子的主要需求。

④与同类产品做比较性演示。俗话说:"不怕不识货,就怕货比货",阳光牌丝袜在演示中与其他品牌的袜子作比较性试验证明自己在同类产品中具有与众不同、独一无二的质量优势,从而增强了现场演示的效果。

⑤孕育了未来的市场。通过现场演示,使当时没有买到丝袜的同学也对"阳光牌"丝袜留下了深刻印象,今后一旦需要购买时,会优先考虑这个品牌。并且推销人员告诉学生可以买到阳光牌丝袜的具体地点,从而孕育了未来的市场。

透过这个实例,我们可以看出上门推销的一些基本规律和技巧。这就是推销员个人素质的高低、推销时间是否合适、现场演示水平如何、推销商品的定价等,对推销效果影响很大。

4.4.4　物流企业的广告策略

1)物流广告的含义与作用

（1）物流广告的含义

对于什么是广告,目前国内外仍然是众说纷纭。在营销学中,美国市场营销协会给广告下的定义比较具有参考价值。该协会认为:广告是有明确的发起者以公开支付费用的做法,以非人员的任何形式,对产品服务或某项行动的意见和想法的介绍。从这些观点中不难看出,构成广告的要素有:广告主必须是盈利的组织或个人;广告须支付费用;广告的内容涉及企业、产品和劳务等;广告传播是以非人员推销的手段进行的。

据此,我们可以界定物流企业广告的内涵:所谓物流企业广告是指物流企业通过各种传播媒介,以付费的形式,将本企业的产品和服务等信息传递给客户的以促进销售为目的的非人员推销方式。

(2)物流广告的作用

广告的基本功能是促进销售,是以迅速性、全面性、深入性和权威性为特征的信息传递行为。物流企业的广告活动就是利用广告的基本功能发挥有利的作用。

①传递信息,促进销售。通过广告,物流企业可以把有关服务的信息传递给客户,引起客户的注意与兴趣,促其购买。因此,广告的信息传递能迅速沟通供求关系,促进物流服务的销售。

②介绍商品,引导消费。随着物流业的不断发展,物流企业提供的服务业种类繁多,而且新的服务产品不断推出,客户很难准确及时地了解和辨别各种产品的具体情况。通过广告宣传,可以向客户介绍企业的服务信息,使客户较全面地掌握各种服务产品的特点,有利于客户鉴别和选购自己需要的服务。

③树立企业形象,提高企业知名度。物流企业进行广告宣传,不仅可以促进其业务量的扩大,而且有利于企业树立良好的公众形象,提高企业在社会上的知名度。这也会间接地促进产品的销售。

2)物流企业广告策略

物流企业广告策略包括确定广告目标、选择广告媒体、决定广告预算、进行广告效果评价等内容。这些内容相互关联,共同构成企业广告的整体策略。

(1)广告目标

具体的广告目标是企业对广告活动进行有效的决策、指导和监督及对广告活动效果进行评价的依据。物流企业要实施广告决策,首先应确定广告活动的目标。

①创造品牌目标。物流企业以此为广告目标,目的在于开发新产品和开拓新市场。它通过对物流服务的性能、特点和增值作用的宣传介绍,提高客户对服务产品的认知程度,其中着重要求提高新产品的知名度、理解度和客户对厂牌标记的记忆度。

②保牌广告目标。物流企业以此为广告目标,目的在于巩固已有市场阵地,并

在此基础上深入开发潜在市场和刺激购买需求。它主要通过连续广告的形式,加深对已有商品的认识。广告诉求的重点在于保持客户对广告产品的好感、偏好和信心。

③竞争广告目标。这类广告的目的,在于加强产品的宣传竞争,提高市场竞争能力。广告诉求重点是宣传本产品的优异之处,使客户认知本产品能给他们带来什么好处,以增强偏好度并指明选购。

(2)广告媒体及其选择

①广告媒体。广告媒体是广告者向广告对象传递信息的载体,是支撑广告活动的物质技术手段。一般说来,企业在市场营销活动中可以选择的广告媒体主要有:印刷媒体、电子媒体、流动媒体、邮寄媒体、户外媒体、展示媒体等。其中,报纸、杂志、广播、电视是常见的4大广告媒体。近年来,因特网在广告促销中的作用日益突出,已被人称之为第五大广告媒体。

②选择广告媒体时应考虑的因素。广告媒体选择是广告决策的重要内容之一,媒体选择的科学合理与否直接影响到广告费用开支与广告效果。因此,物流企业在选择广告媒体时,除了要认清各种媒体的特点,扬长避短外,还应考虑物流企业及产品的特性、目标客户的媒体习惯、媒体的传播范围及影响力、媒体成本等因素。

(3)广告预算

广告预算是物流企业根据广告计划在一定时间内对开展广告活动费用的估算,是企业进行广告宣传活动投入资金的使用计划。目前,常用的编制广告预算的方法主要有量力而行法、销售额百分比法、目标任务法、竞争对比法等。

(4)广告效果评价

企业制定广告决策的最后一个步骤是评价广告效果。它是完整的广告活动中不可缺少的重要内容。

①广告效果分类。广告效果是广告信息通过媒体传播之后所产生的影响。对其评估一般包括两个方面的内容。A.广告传播效果。即物流企业广告对于客户知晓、认知和偏好的影响。它是以客户对物流企业认识程度的变化情况或客户接受广告的反应等间接促销因素为根据来确定的效果。B.广告销售效果。指物流广告推出后对企业产品销售的影响。一般来说,广告的销售效果要比传播效果更难评估,因为,除了广告因素外,产品的特色、价格、竞争等因素均影响销售额。这些因素越少,或者越容易被控制,广告对销售效果的影响就越容易测量。采用邮寄广告时销售效果最容易评估,而品牌广告或企业形象广告的促销效果最难评估。

②广告效果评价方法是:A.广告本身效果评价。对广告本身效果评价可以从

两个方面进行,一是对沟通过程进行评价,二是对沟通结果进行评价。对沟通过程进行评价是指对广告接受者的反应进行评价。通常可以采用测试评价法和试验评价法。对沟通效果的评价是指使用广告形式后客户能否有效地取得物流企业本身及物流服务的信息,并测试其对物流企业及服务的认识程度。一般可以采用跟踪研究法。B.销售效果评价。即考核和评估物流企业做出广告后的业务增长情况。对这项内容的考核和评价是比较难的,目前常用的方法有历史比较法和试验法两种。

4.4.5　物流企业的营业推广和物流服务的有形展示

1)物流企业的营业推广

(1)物流企业营业推广的含义及特点

①物流企业营业推广的含义。物流企业营业推广是指物流企业在特定目标市场中,为迅速刺激需求和鼓励购买而采取的非经常发生的推销努力。其最大的作用就是通过某种营业营销刺激,以极强的诱惑力,使对方中间商或消费者迅速做出购买决策,产生即时购买效应。

②营业推广的特点:

A.刺激需求效果显著。营业推广以"机不可失,时不再来"的较强吸引力,给客户提供特殊的购买机会,可以促使客户立即购买。针对性强、促销见效快。

B.形式具有局限性。营业推广形式较多,如提供咨询服务、现场示范、赠送纪念品等。

但是这些形式如果运用不当,攻势过强,容易引起客户的反感,且有损企业和产品形象。因此,营业推广只能适用于一定时期、一定产品,而且推广措施的选择也应慎重。

(2)物流企业营业推广的形式

①针对最终客户的营业推广。可以鼓励老客户继续使用,促进新客户使用,动员客户购买新的服务产品。引导客户改变购买习惯,或培养顾客对本企业的偏爱行为等。其方式可以采用:向客户送赠品、赠优惠券、鼓励客户尝试服务等。

②针对物流中间商的营业推广。目的是鼓励中间商大量购买,吸引其扩大经营,动员有关中间商积极推销某些服务产品。其方式可以采用:推广津贴、结合各种奖励的销售竞赛、更高的佣金、提供设施、共同广告等。

③针对推销人员的营业推广。鼓励他们热情推销产品,或促使他们积极开拓新市场。其方式可以采用:有奖销售、比例分成、免费提供培训及技术指导等。

（3）物流企业进行营业推广时应考虑的因素

①营业推广的目标。营业推广必须有明确的目标，物流企业应根据目标市场的特点和企业的整体营销策略来确定营业推广的目标，依据推广的目标制定周密的计划。

②营业推广的对象。各种营业推广的手段针对不同的客户、中间商、推销人员所起的作用是不同的。因此，企业在进行营业推广时，应根据已确定的目标，因时、因地制宜选择推广对象。

③营业推广的途径。物流企业应根据企业业务的覆盖面及营业推广的预算费用，选择既能节约推广费用又能收到最佳效果的营业推广手段。

④营业推广的时机。营业推广的时机很重要，如果时机选择得好，能起到事半功倍的效果。物流企业应综合考虑产品的生命周期、市场的竞争情况、客户及中间商的营业状况等制定营业推广的实施方案。

⑤营业推广的期限。营业推广期限的选择必须符合企业市场营销的整体策略，并与其他经营活动相协调。时间太短会使一部分客户来不及购买；时间太长，又会使人产生变相降价的印象，从而影响企业的声誉。因此，推广期限的选择必须要恰到好处。

⑥营业推广的费用。营业推广是企业促销的一种重要方式。通过营业推广可以使企业的营业额增加，但同时也增加了销售成本。企业应权衡推销费用与企业收益的得失，把握好费用和收益的比值，确定营业推广的规模和程度。

2）物流服务的有形展示

（1）物流服务有形展示的含义

服务产品具有不可感知的特点，人们在消费之前是无法感受到服务。这一特点决定了顾客在购买服务时总会心存疑虑，这给企业有效地推广其服务产品带来了难题。但是，任何服务又都或多或少地需要某些物质因素的支持，这些支持物是有形的，它与服务内容及服务水平密切相关，成为人们判断服务标准的一些有形的线索。对这些有形因素的利用，便成为服务企业开展营销活动的一项重要策略——"有形展示"。服务企业恰当地运用有形展示策略无疑会有利于其促进服务产品的销售。

物流企业向客户提供的是服务产品，具有无形性的特点。因此，"有形展示"也是物流企业营销的一项重要策略。简单地说，物流服务有形展示是指物流企业有目的地提供服务的有形线索，以帮助客户识别和了解服务，并由此促进物流服务销售的营销策略。

（2）有形展示的类型

物流企业有形展示的内容是十分丰富的。从外到内大致可以分为物质环境、信息沟通、价格3类。

①物质环境。

A.设施因素。物流企业的这类要素通常被客户认为是构成物流服务产品内涵的必要组成部分，如运输配送服务中的车辆及网络分布、仓储服务中的仓库及装卸设备、物流系统的计算机设备等。如果失去这些要素或者这些要素达不到客户的期望，就会削弱客户对服务的信心。

B.设计因素。设计因素是物流企业用以刺激客户视觉的环境因素。这类要素被用于改善物流服务产品的包装，使产品的功能更为明显和突出，以建立有形的、赏心悦目的产品形象。比如，配送中心的设计、企业形象标志等均属于此类因素。设计性因素是主动刺激，它比设施因素更易引起客户的注意。因此，设计性因素有助于培养客户的积极的感觉，而且鼓励其采取接近行为，有较大的竞争潜力。

C.社会因素。这类因素是指在物流服务场所内一切参与及影响服务产品生产的人，包括物流企业管理人员和其他在物流服务场所出现的企业员工。他们的知识水平、言行举止皆可影响客户对服务质量的期望与判断。

②信息沟通。信息沟通是另一种服务展示形式。来自物流企业自身以及其他渠道的信息通过多种媒体传播，引起人们的注意，起到展示服务的作用。从赞扬性的评论到成功的广告，从客户口头传播到企业标志，这些不同形式的信息沟通都传送了有关服务的线索，影响着企业的营销策略。

物流企业应通过强调现有的服务展示并创造新的展示来有效地进行信息沟通管理，从而使服务和信息更具有形性。物流企业通过信息沟通进行服务展示管理的方法有两种：

A.物流服务有形化。为了使物流服务更加实实在在而不那么抽象，物流企业可以在信息交流过程中强调与服务相联系的有形物，从而把与服务相联系的有形物推至信息沟通策略的前沿。

B.信息有形化。信息有形化的一种方法是鼓励对企业有利的口头传播。物流企业在客户中树立良好的信誉，拥有好的口碑。客户在其业务交流中会对潜在的客户进行宣传，客户间口头传播的信息要比广告的作用大得多。

③价格展示。对物流企业来说，准确的定价十分重要。不仅因为价格是营销组合中唯一能产生收入的因素。而且，还因为价格使服务水平和质量具有可见性而成为消费者判断服务水平和质量的一个依据。物流企业的营销人员应利用恰当的定价来培养客户对产品的信任。

当营销人员把价格定得过低时，就暗中贬低了他们提供给客户的价值，会使客户怀疑企业提供的服务；而价格定得过高时，会给客户以价值高估，不关心客户，或者"宰客"的形象。

所以，与物质环境、信息沟通一样，价格也传递有关服务的线索。价格能展示"空洞"的服务，也能展示"饱满"的服务；它能表达对顾客利益的关心，也能让人觉得漠不关心；制定正确的价格不仅能获得稳定的收益，而且也能传送适当的信息。价格的高低直接影响着物流企业在客户心目中的形象。

（3）物流企业有形展示的管理

①有形展示的管理。成功市场营销活动的关键是管理与无形服务相关的有形因素，通过服务展示管理向顾客传送适当的线索，这样能帮助顾客更好地理解"我们买什么产品"，"我们为什么要买它"。因为，顾客总要在服务环境、信息沟通和价格中寻找服务的代理展示物，根据有形线索推断服务的质量价值和特点，用来指导其购买选择。

鉴于有形展示在物流企业营销中的重要地位，物流企业应善于利用组成物流服务的有形元素，突出服务的特色，使无形无质的服务变为相对有形和具体化，让客户在购买服务前，能有把握判断服务的特征及享受服务后所获得的利益。因此，加强对有形展示的管理，努力借助这些有形的元素来改善服务质量，树立独特的物流企业形象，无疑对物流企业开展市场营销活动具有重要意义。

物流企业采用有形展示策略，应充分考虑服务产品不可触及性和难以从心理上进行把握这两个特点。以这两个方面为出发点，一方面使服务有形化，另一方面使服务易于从心理上进行把握。

A. 服务的有形化。服务有形化就是使服务的内涵尽可能地附着在某些实物上。服务有形化的典型例子是银行信用卡。一张小小的信用卡代表着银行为顾客提供的各种服务。

B. 使服务在心理上较容易把握。除了使服务有形化之外，物流企业还应考虑如何使服务更容易地为客户所把握。通常有两个原则需要遵循：

一是，把服务同易于让客户接受的有形物体联系起来。由于服务产品的本质是通过有形展示表现出来的，所以，有形展示越容易理解，则服务就越容易为客户所接受。运用此种方式时要注意：

——使用的有形物体必须是客户认为很重要的，并且也是他们在此服务中所寻求的一部分。如果所用的各种实物都是客户不重视的，则往往产生适得其反的效果。

——必须确保这些有形实物所暗示的承诺，在服务被使用的时候一定要兑现，也就是说各种产品的质量,必须与承诺中所载明的名实相符。

如果以上的条件不能做到,那么所创造出来的有形物体与服务之间的联结,必然是不正确的、无意义的和具有损害性的联结。

二是,把重点放在发展和维护企业同客户的关系上。使用有形展示的最终目的是建立物流企业同客户之间的长久关系。服务业的客户,通常都被鼓励去寻找和认同服务企业中的某一个人或某一群人,而不只是认同于服务本身。如在广告代理公司的客户经理,管理研究顾问咨询公司的客户工作小组等。所有这些都是强调关注于以人表现服务。因此,服务提供者的作用很重要,他们直接与客户打交道,不仅其衣着打扮、言谈举止影响着客户对服务质量的认知和评价,他们之间的关系将直接决定客户同整个企业关系的融洽程度。

另外,其他一些有形展示亦能有助于发展同客户的关系。比如,企业向客户派发与客户有关的具有纪念意义的礼物就是出于此种目的。

②有形展示管理的执行。物流服务展示管理不仅是营销部门的工作,虽然营销部门应该唱主角,但每个人都有责任传送有关服务的适当线索,所有的管理人员都应定期考虑有形展示管理的问题。具体执行可以分为以下几个方面:

A.在员工中强调有形展示的重要性,使企业的每一位员工都充分重视服务中的细微之处。

B.通过不间断的有针对性的调查指导制订有形展示的计划和改进管理。在管理中突出创新精神,以突出本企业的服务特色。

C.使用有形因素来指导员工完成其服务角色。

【做一做】

一、经典案例阅读

可口可乐进军中国市场的促销策略

1979 年 1 月,第一批可口可乐由香港地区进入中国内地,是采用委托代销方式,中国的代销者无风险,无本得利,于是 20 世纪 80 年代初寄销量达 200 吨,可口可乐公司走完第一步:进入中国市场。

1981 年,可口可乐公司无偿向北京、广州等地赠送价值几百万美元的整套装瓶设备,条件是必须进口可口可乐原浆掺兑成可口可乐装瓶,当年原浆进口量达到万吨,可口可乐公司走完第二步:打开中国市场。

1988 年,中美合办申美饮料公司,其中原浆车间由美方独立保密生产,实现原浆生产当地化,可口可乐公司走完第三步:占领中国市场。

1994 年,可口可乐已在中国内地有 13 家装瓶厂,年销量 1.35 亿万箱,折合 32.4 亿万罐,可绕赤道 10 圈,在中国饮料市场的占有量达 19%。可口可乐公司走完第四步:扩大中国市场。

可口可乐自进入中国市场后就开始大做广告,各种传媒、各项体育比赛现场都可以看到可口可乐的广告。在大城市,可口可乐的街头广告,随处可见。以上海南京路"可口可乐"广告来说,整条路有 300 个"可口可乐"的灯箱广告,每个灯箱广告费一年要 3 万元人民币,全年这 300 个灯箱广告就要 900 万元人民币。由此可见,为使可口可乐家喻户晓,深入人心,在广告费用的投入上该公司是不惜代价的,这对可口可乐的销售,起了巨大的促进作用。

[案例思考]

可口可乐进占中国市场的几步走,可谓步步为营,步步成功。可口可乐进军中国市场的手段和促销策略给我们什么启示?

二、实训活动

◎ 内容

物流企业如何对产品进行业务销售模拟实训。

◎ 目的

掌握物流企业如何满足客户需求,不同的产品,如何定价,通过哪些渠道,哪些促销方式的组合来实现最佳的营销策略。

◎ 人员

1. 实训指导:任课老师或实训指导老师
2. 实训编组:学生按 6~8 人分成若干组,每组选组长一人。

◎ 时间

5~7 天。

◎ 步骤

1. 由教师在校内组织安全教育。
2. 与实训企业相关部门取得联系,并组织学生集体去该企业参观实习。
3. 邀请物流企业各业务部主管介绍本部门服务观念。
4. 不同组别的学生分别去承接一个产品进行业务销售。
5. 分组查看企业满足客户需求的计划、实施方法、策略及结果,并作好记录,然后对产品进行销售。

6.统计出销售业绩最佳的小组。

7.实训小结。

◎ 要求

利用业余时间,根据具体情况选择有一定代表性的物流企业,了解其物流作业规程。通过作业规程的要求分析其目的,从中看到企业对满足客户需求的重视;通过对产品进行业务销售模拟实训,了解各职能部门落实企业满足客户需求理念的内容,并认识其重要指导性。

◎ 认识

作为未来物流企业员工,深悟企业如何满足客户需求内容,对我们在未来的工作中树立正确的企业满足客户需求理念,做好本职工作是有很大帮助的。

【任务回顾】

通过对本章的学习,使我们初步掌握了产品、物流企业产品、物流企业产品生命周期、物流企业分销渠道、促销的含义;知道了满足客户需求的定价,满足客户需求的渠道和满足客户需求的促销策略;清楚了影响物流企业定价的因素和定价程序、物流产品基本定价方法、影响物流企业分销渠道选择的因素;掌握了物流产品的特征、物流企业分销渠道的评价的标准、促销策略中的人员推销、广告、营业推广、物流服务有形展示。

【名词速查】

1.产品

产品是指能够提供给市场并引起人们的注意、获取、使用或消费,以满足某种欲望或需要的任何东西。它包括各种有形物品、服务、地点、组织和想法。

2.物流企业产品

物流企业产品是指一种服务性产品,是物流企业提供的服务。物流服务是人或组织的活动,或者对一种可触知产品的临时可支配性,目的是满足消费者的需求和预期。

3.物流企业产品生命周期

物流企业产品生命周期是指一项物流服务投入市场直到它完全退出市场所经历的时间,任何一项物流服务也都会经历导入、成长、成熟、衰退的发展变化过程。

4.成本加成定价法

成本加成定价法是指在单位产品成本的基础上,加上一定比例的预期利润作为产品的销售价格。

5. 需求导向定价法

需求导向定价法是以需求为中心的定价方法。它依据顾客对产品价值的理解和需求强度来制定价格,而不是依据产品的成本来定价。其特点是灵活有效地运用价格差异,对平均成本相同的同一产品,价格随市场需求的变化而变化,不与成本因素发生直接关系。其基本原则是:市场需求强度大时,制定高价;市场需求强度小时,可适度调低价格。这种定价方法,综合了考虑成本、产品的生命周期、市场购买能力、顾客心理等因素。

6. 竞争导向定价法

竞争导向定价法是指企业以竞争对手的价格作为依据来制定价格的一种定价方法。

7. 物流产品组合

物流产品组合是指一个物流企业提供给市场的全部产品线和产品项目的组合或结构,即企业的业务经营范围。企业为了实现营销目标,充分有效地满足目标市场的需求,必须设计一个优化的产品组合。

8. 产品组合策略

产品组合策略是指根据物流企业的目标,对产品组合的宽度、深度及关联程度进行组合决策。

9. 分销渠道系统

分销渠道系统是指渠道各成员之间相互联系形成的一种体系。随着竞争与合作的加强,分销渠道及渠道中各成员之间的关系不是一成不变的。

10. 物流企业分销渠道

物流企业分销渠道是指促成产品或服务顺利地被使用或消费的一整套相互依存的组织。具体来说,是指商品和服务从生产者手中向消费者手中转移的过程中,取得这种商品和服务的所有权或帮助所有权转移的一系列企业和中间商。

11. 垂直营销系统

垂直营销系统是指由物流企业与中间商组成的统一系统,由具有相当实力的物流公司作为领导者。它们能够通过其规模、谈判实力和减少重复服务而获得效益。其主要类型有公司式、管理式和合同式。

12. 促销

促销是指企业把产品和提供服务的信息通过各种方式传递给消费者和用户,促进其了解、信赖并购买本企业的产品或服务,以扩大产品销售为目的的企业经营活动。促销的实质是企业与消费者或用户之间的信息沟通。

13. 人员推销

人员推销是指物流企业派出推销人员或委派专职推销机构向目标市场的客户及潜在客户推销物流服务产品的经营活动。

14. 广告

广告是指为了某种特定的需要,物流企业通过一定形式的媒体,并支付一定的费用,公开而广泛地向公众传递信息的宣传手段。广告是一种典型的非人力推销方式。

15. 物流企业营业推广

物流企业营业推广是指物流企业在特定目标市场中,为迅速刺激需求和鼓励购买而采取的非经常发生的推销努力。其最大的作用就是通过某种营业营销刺激,以极强的诱惑力,使对方中间商或消费者迅速做出购买决策,产生即时购买效应。

16. 物流服务有形展示

物流服务有形展示是指物流企业有目的地提供服务的有形线索,以帮助客户识别和了解服务,并由此促进物流服务销售的营销策略。

【任务检测】

一、单选题

1. ( )是指顾客购买某种产品时所追求的利益,是顾客真正要买的东西,因而在产品整体概念中也是最基本、最主要的部分。

    A. 有形产品   B. 无形产品   C. 附加产品   D. 核心产品

2. 产品生命周期一般可以分为 4 个阶段,即( )。

    A. 介绍期、成长期、成熟期和衰退期   B. 老化、死亡、成长、成熟

    C. 成熟期、介绍期、成长期和衰退期   D. 老化、死亡、成熟和成长

3. 物流产品的( )期是指物流企业可以大批量提供该项服务和扩大市场销售阶段。

    A. 介绍   B. 成长   C. 成熟   D. 衰退

4. 产品组合的( )是指一条产品线中所含产品项目的多少。

    A. 长度   B. 宽度   C. 高度   D. 深度

5. 物流产品组合的( )是指产品组合中所拥有的产品线的数目,例如上海全方物流公司目前有快速运输、配送、保管、流通加工 4 个产品大类。

    A. 长度   B. 宽度   C. 高度   D. 深度

6. ( )是指产品价格的确定以需求为依据,可根据不同的需求强度、不同

的购买力、不同的购买地点和不同的购买时间等因素,制定不同的价格。

A. 成本加成定价法　　　　　　　　　B. 随行就市定价法

C. 需求差别定价法　　　　　　　　　D. 目标利润定价法

7.(　　)是由两个或两个以上的物流企业联合、利用各自的资金、技术、运力、线路等优势共同开发和利用物流市场机会。

A. 水平营销系统　　　　　　　　　　B. 垂直营销系统

C. 多渠道营销系统　　　　　　　　　D. 直接渠道系统

8.(　　)也叫广泛分销策略,是一种宽渠道分销策略。指物流企业在同一渠道环节层次上,尽可能通过中间商来完成物流服务活动。

A. 窄渠道分销策略　　　　　　　　　B. 选择分销策略

C. 独家分销策略　　　　　　　　　　D. 密集分销策略

二、多选题

1. 现代市场营销理论研究产品,是从整体产品的角度分析的。产品的整体结构,一般包括(　　)3 个层次

A. 有形产品　　　B. 无形产品　　　C. 附加产品　　　D. 核心产品

2. 影响定价的因素主要有 3 个方面:即(　　)。

A. 成本　　　　　B. 需求　　　　　C. 竞争　　　　　D. 利润

3. 需求导向定价法主要包括(　　)。

A. 理解价值定价法　　　　　　　　　B. 产品组合定价

C. 需求差异定价法　　　　　　　　　D. 逆向定价法

4. 常用的新产品定价基本策略有(　　)。

A. 撇油定价策略　　B. 渗透定价策略　　C. 竞争定价策略　　D. 满意定价策略

5. 企业在调整产品组合时,可以针对具体情况选用以下产品组合策略(　　)。

A. 扩大产品组合策略　　　　　　　　B. 缩减产品组合策略

C. 高档产品策略　　　　　　　　　　D. 低档产品策略

6. 企业的定价目标主要有以下几种(　　)。

A. 利润导向的定价目标　　　　　　　B. 销量导向的定价目标

C. 竞争导向的定价目标　　　　　　　D. 生存导向的定价目标

7. 垂直营销系统是指由物流企业与中间商组成的统一系统,由具有相当实力的物流公司作为领导者。其主要类型有(　　)。

A. 公司式垂直营销系统　　　　　　　B. 管理式垂直营销系统

C. 合同式垂直营销系统　　　　　　　D. 契约式垂直营销系统

8. 物流企业广告策略包括(　　)内容。

A. 广告目标　　　　　　　　　　　　B. 广告媒体及其选择

C. 广告预算　　　　　　　D. 广告效果评价

三、判断题

1. (　　)附加产品是核心产品借以实现的形式,即向市场提供的实体和服务的形象。

2. (　　)产品生命周期一般可以分为4个阶段,即介绍期、成长期、成熟期和衰退期。

3. (　　)物流产品的成熟期是指企业大批量提供服务,而在市场上处于竞争激烈阶段。

4. (　　)需求差别定价法是根据顾客对产品价格的理解度,即产品在顾客心目中的价值观念为定价依据,运用各种营销策略和手段,影响顾客对产品价值的认知的定价方法。

5. (　　)产品组合的长度是指一条产品线中所含产品项目的多少。

6. (　　)效率定价的主要目的是吸引那些寻找最好价格的、有经济头脑的消费者。

7. (　　)渠道冲突主要有短渠道冲突和水平渠道冲突两种。

8. (　　)服务有形化就是使服务的内涵尽可能地附着在某些实物上。

四、思考题

1. 物流产品生命周期的特点?

2. 影响物流企业定价的因素及定价程序是什么?

3. 根据需求特性的不同,需求差别定价法通常有哪几种形式?

4. 物流产品定价有哪些策略?

5. 物流企业分销渠道的类型有哪些?

6. 企业对中间商的选择应考虑哪些条件?

7. 影响物流企业分销渠道选择的因素是什么?

8. 物流企业进行营业推广时应考虑的因素有哪些?

任务 5
如何去规范物流营销活动

教学要求

1. 陈述物流企业营销的计划和组织；

2. 明确物流客户关系管理的含义和层次；

3. 把握物流客户的含义；

4. 清楚物流客户信息的收集和整理；

5. 感悟物流企业营销的控制。

学时建议

知识性学习6课时。

案例学习讨论2课时。

现场观察学习2课时(业余自主学习)。

【导学语】

谈到营销,你一定会觉得营销的方式五花八门,种类各式各样。但是这些营销活动都能起到作用么?

规范物流营销有什么作用啊?

规范物流营销的方式有哪些? 是不是都是规章制度啊?

卷首案例

营销需要"规范"吗?

一位具有丰富的营销经验的员工日记。

很多人都说,销售谁不会做啊? 能有点子就行,思想灵活就行,等等,但是怎么才能有点子,怎样才算灵活呢? 总之,这个点子从哪里来?

实际上,我刚从事销售的第一年也干了很多"傻事",记得刚从学校毕业出来的那一年,公司有一个新产品要上市,产品比较贵,按照当时的情况看主要应该进攻餐饮和夜场(当然公司也没有整个产品的推广思路和指导意见,完全自己决断),不知道深浅的我,蹬着经销商的三轮车和经销商的业务员一起进行市区小店(杂货店、小超市)的铺货,共进行了三天,大概铺了 30～40 家,一星期以后进行回访,产品基本没有销售,后来就收回来了。幸好这是一个小城市,如果是大城市怎么办?

现在看起来当然觉得"很傻",但从那件事情以后,我就明白了一个道理:销售工作并不是盲干的,大多时候是需要分析和智慧的。也就是对刚从事营销工作的销售人员来说,首先要有一套"规范"的营销框架和流程,否则,做了多年以后发现自己还在原地打转。

我希望刚进入销售行业的年轻人不要着急,磨刀不误砍柴工。要打好基础,这跟学习是一样的,不懂 ABC 怎么学好英文;不懂 $X+Y$ 数学一样过不了关。营销工作也一样,如果你很着急想卖东西,你每天累死也卖不出几样。

看完这篇日记,大家一定也有想法吧!俗话说"没有规矩不成方圆",对于我们的物流营销也是这样,不能只是一味的推销自己的产品而忘记了自己应当遵守的"规矩"。那么哪些是规范物流营销行为的举措呢?通过本章的学习,希望对同学们从事物流营销活动有一定的指导作用。

【学一学】

5.1　做好物流客户服务

5.1.1　物流客户服务的含义

在物流业的竞争中,技术和管理方法的差距越来越小,物流企业的核心竞争力集中表现在高水平、与众不同的物流服务上,它是企业吸引新客户,留住老客户的法宝。而客户对服务满意与否很大程度上取决于客户对企业提供的服务的感受。客户服务水平直接影响着企业的市场份额和物流总成本,并最终影响其盈利能力。因此,在企业物流系统的设计和运作中,客户服务是至关重要的环节。

物流客户服务是指物流企业为促进其产品或服务的销售,发生在客户与物流企业之间的活动。

对大多数企业来说,客户服务可以从 3 个角度来理解:

①它是一项管理活动或职能,如订单的整理、客户的维护等。

②它是一些能反映企业职能的相关数据体现的,如在 24 小时内实现98%的按订单完备送货率。

③它与企业的所有经营活动是相互渗透的。

如果企业把客户服务作为一种经营理念和哲学,那么它必将具备一个正式的客户服务职能部门以及完善的业务绩效评价体系,才能保证物流客户服务的实施。在现代社会中,客户服务越来越从经营活动的辅助手段变为企业为客户提供的产品的一部分。如果客户服务水平不能跟上竞争的需要,客户也不可能购买"残缺的次品"。

5.1.2　物流客户服务的特点和作用

1)物流客户服务的特点

物流客户服务为供应链的正常运转提供了动力,同时物流客户服务也是整个

物流体系设计和运作的必要组成部分,所以物流客户服务具有以下几方面特点:

(1)物流客户服务从特征上看是一项典型的服务活动。其内容包括:

①订单处理

②技术培训

③处理客户投诉

④服务咨询

(2)对于物流客户服务的考评应该建立完整的成套的制度。它包含以下内容:

①产品可得性评价

②存货的百分比

③无货损百分比

④订货周期和可靠性评价

⑤从客户订货到送货的时间

⑥仓库备货时间

⑦仓库收到的订单与发货的百分比

⑧仓库在规定的时间内把订货送达客户的百分比

⑨最低订货数量

⑩服务系统的灵活性评价

⑪特快发货或延迟发货的可能性

⑫订货的方便和灵活性等

2)物流客户服务的作用

物流客户服务主要是围绕着客户所期待的产品,所期望的传递时间以及所期望的质量而展开的,在企业经营中有相当的作用,特别是随着网络的发展,企业间的竞争已淡化了地域的限制,其竞争的中心是物流服务竞争。服务越好的企业就越能抓住消费者的心。

物流客户服务的作用主要表现在以下几个方面:

(1)提高销售收入

客户服务是物流企业产品的一部分,它直接关系到物流企业的市场营销组合成功与否。通过物流活动提供时间与空间效用来满足客户需求,是物流企业功能的产出或最终产品。物流客户服务无论是面向生产的物流,还是面向市场的物流,其最终产品是提供某种满足物流客户需求的服务。如 SONY 公司提出的"无限制保修"业务,使得该公司的市场占有率远远的超过其他数码产品生产厂家。

（2）提高客户满意程度

客户服务是一系列由企业向购买其产品或服务的人提供的活动的总称。从现代市场营销观念的角度来看产品，它是一个整体的概念，不单单只是指单纯的产品，它应该扩展为以下的3个层次的含义，即核心产品、形式产品、延伸产品。作为客户他所关心的是购买的全部产品，即产品的实物和产品的附加价值。而物流的客户服务就是提供这些附加价值的重要活动，它对客户满意程度产生重要影响。良好的客户服务会提高产品的价值，提高客户的满意程度。因此，许多物流企业都将客户服务作为企业物流的一项重要功能。

（3）物流客户服务方式的选择对降低流通成本具有重要作用

低成本战略历来是企业竞争中主要内容，而低成本的实现往往与整个物流活动息息相关，这包含涉及产品生产、流通的全过程。除了生产原材料、零部件、人力成本等各种有形的影响因素外，物流客户服务方式等软条件的选择对成本也具有相当大的影响力。如按承诺日期送货的服务，若承诺日期过短，对企业的服务能力是个考验，若承诺日期太长，又造成企业服务水平不高的印象，因此，在选择物流客户服务方式时就会平衡考虑，取其能降低物流成本的服务方式。但是这里要提醒同学们，任何降低产品成本的方法都不应该以损害消费者的利益为前提，不然企业将会"得不偿失"，甚至失去已有的消费者。

（4）以单个企业为单位创造供应链价值

物流服务作为一种特有的服务方式，以产品为媒介，将供应商、厂商、批发商及零售商有机地组成一个从生产到消费的全过程流动体系，推动了产品的顺利流动；另一方面，物流服务通过自身特有的系统设施（POS、EOS、VAN等）不断将产品销售、库存等重要信息反馈给流通管道中的所有企业，并通过不断调整经营资源，使整个流通过程不断协调地应对市场变化，进而创造出一种超越流通管道内单个企业的供应链价值。

（5）抓住客户的"心"

客户是企业利润的源泉。在现代市场经济下，客户及其需要是企业建立和发展的基础。如何更好地满足客户的需求，如何抓住客户的"心"，是企业成功的关键。过去，许多企业都将工作重点放在新客户开发上，而对如何留住现有客户研究较少。这种做法其实是增加成本的直接原因。因为老客户与公司利润率之间有着非常高的相关性，保留住老客户可以保留住业务，同时摊销在客户销售以及广告的成本都较低，特别是满意的老客户会提供业务中介。因此，"不能让老客户投向竞争对手"已成为企业的战略问题。一个企业如果每年降低5%的客户流失率，利润每年可增加 25% ~ 85% 。

小资料

美国一家大型的运输公司对其流失的客户进行了成本分析。该公司有 64 000 个客户,今年由于服务质量问题,该公司丧失了 5% 的客户,也就是有 3 200 个客户流失。平均每流失一个客户,营业收入就损失 40 000 美元,相当于公司一共损失了 128 000 000 美元的营业收入。假如公司的赢利率为 10% ,那这一年公司就损失了 12 800 000 美元的利润。

5.1.3　物流客户信息的收集和整理

①物流企业要设法主动地获取和记录客户的资料,通过数据挖掘、数据分析来认识客户的行为和偏好,了解客户消费模式及习惯的变化,详细的记录每个客户单位信息、联系办法、目前所销售使用物品的情况,对本公司服务的评价以及联系人的姓名、职务、兴趣爱好、关系等内容。

②依据 CRM 系统大量的客户和营销业务信息。CRM 能提供强大的数据分析能力和大量最适用的模型参考,可以分别对客户的特征、购买行为、价格、成本、收益等因素进行分析,为企业高层提供有效的决策依据和支持。物流企业对于客户资料的分析结果,可以帮助企业识别 ABC 类客户。客户分析能力的基础就是客户数据的收集和分析。

③物流企业客户数据的采集往往需要企业相关人员细心的观察;可以详细设计客户资料表格,分配给营销员,作为访问记录表;利用企业网站的用户注册信息以及 Web 日志文件记录的用户浏览行为等信息,可以有助于物流企业分析研究客户的需求、偏好及消费模式的发展趋势,更好地理解客户以及将潜在客户转变为现实客户。通过各种途径获得了大量客户信息之后应将它集成到企业数据库或数据仓库之中,然后运用数据挖掘技术去发现有价值的客户知识,用于辅助经营决策。

5.2　加强物流客户关系管理

5.2.1　客户关系管理的含义

客户关系管理是指企业为提高核心竞争力,达到竞争取胜、快速成长的目的,树立以客户为中心的发展战略,并在此基础上开展的包括判断、选择、争取、发展和保持客户所需实施的全部商业过程;是企业以客户关系为重点,通过开展系统化的客户研究,通过优化企业组织体系和业务流程,提高客户满意度和忠诚度,提高企业效率和利润水平的工作实践;也是企业在不断改进与客户关系相关的全部业务流程,最终实现电子化、自动化运营目标的过程中,所创造并使用的先进的信息技术、软硬件和优化的管理方法、解决方法的总和。

小资料

客户关系管理(customer relationship management,CRM),最早发展客户关系管理的国家是美国,这个概念最初由 Gartner Group 提出来,在 1980 年初便有所谓的"接触管理"(contact management),即专门收集客户与公司联系的所有信息,到 1990 年则演变成包括电话服务中心支持资料分析的客户关怀(customer care)。最近开始在企业电子商务中流行。

5.2.2 客户关系管理的层次

客户关系管理(简称 CRM)可以帮助物流企业树立以客户为中心的战略思想,实现从以生产运营为主向以客户服务为主的转变。实际上,实施 CRM 的过程就是物流企业在管理思想、服务意识和业务流程等各方面综合转变的过程。在经营思想上,物流企业的重点将不再是盲目扩张而是分析有价值客户的需求,及时推出有针对性的服务,然后通过高满意度的服务来维持客户尤其是一些可以带来高回报的大客户。员工的服务意识也将通过 CRM 的实施发生质的飞跃,各部门将树立起协同工作、共同服务客户的理念。在流程上,通过简捷、高效的流程提高效率,最大限度地让客户满意。事实上,从国外很多物流企业实施 CRM 的前后状况来看,实施 CRM 的过程就是物流企业核心竞争力得到提升、走向集约化经营的过程。

CRM 可以分为渠道层次的 CRM、操作层次的 CRM 以及分析层次的 CRM。

1)渠道层次的 CRM

由于物流客户服务市场拓展的需要,当前物流企业与客户的接触渠道日趋多样化。除了传统的营业窗口外,物流企业营销部门、客户服务部门、呼叫中心、互联网等其他沟通渠道同样成为物流企业与客户之间交互的重要途径。特别是呼叫中心的建设近年为各运营商广泛重视,如中国移动的 1860 已经基本覆盖全国,2001 年中国电信及中国联通等运营商在呼叫中心的建设也进一步加大了力度。上述不同的客户沟通渠道各具特色,如互联网在成本上具有很强的优势,但要求客户必须进行自助式服务,人性化程度低;而营业厅受理或业务代表直接拜访的客户沟通方式,则更具人性化,但人力成本明显高于互联网。问题的关键是当前国内运营商并没有把多种沟通渠道进行有效的整合,使得客户信息得不到很好的共享和利用。分散的信息收集方式容易导致有价值的客户信息的流失。举个简单例子,一位客户打一个电话给中国移动的 10086 进行业务咨询,客户代表一般很难识别该客户是否为大客户以及该客户是否和其他业务部门有过交往(如营业窗口),也就不可能根据客户的实际情况给予针对性较强的服务,更无从提高客户的满意度、抓住销售机会。CRM 在渠道层次可以有效地帮助运营商整合目前与客户交互的各种渠道,充分结合不同渠道的特点及优势,最终实现客户信息的高效收集及最大程度的共享,使得客户与运营商之间建立起一个统一的沟通界面,从而强化与客户沟通的效果,提升客户的满意度,为更高一层的 CRM 奠定基础。

2)操作层次的 CRM

操作层次的 CRM 可以帮助运营商实现营销、销售、服务等业务环节的流程自动化,真正做到利用 IT 的手段提高运营商的运作效率、降低运作成本的目的。在实施该层次的 CRM 时,如何辅以业务流程的优化乃至重整,是一个极其重要的课题。通过实施操作层次的 CRM,运营商最终将建立起一套以客户为中心的运作流程及管理制度,同时有助于培养员工的服务意识,销售、服务、营销部门的业绩将明显得到提升。从销售方面来看,CRM 可以帮助运营商扩大销售。由于对客户资料的全面掌握,销售的成功率必然会提高。同时,根据客户需求特点提供个性化的产品,客户价值才能很好地体现出来,销售效率也会大大提高。另外,采用横向销售和纵向销售等手段,也会进一步扩大销售。从服务角度来看,CRM 可以提高客户的满意度。在 CRM 系统中客户服务代表可以根据客户资料和访问历史提供个性化的服务。在知识库的支持下向客户提供更专业化的服务。主动的客户关怀、严密的客户纠纷跟踪都将成为物流企业改善服务的重要手段。从营销角度来看,CRM 帮助物流企业更好地进行营销策划。这对于我们评估市场活动的绩效和策划新的营销活动来说都是极为重要的。

3)分析层次的 CRM

分析层次的 CRM 最终使得运营商将宝贵的客户信息转变为客户知识。从某种意义上说,CRM 系统将企业原有的客户信息管理系统提升到客户知识管理系统的高度。通过建立数据仓库、运用数据挖掘、商业智能等技术手段,对大量的客户信息进行分析,可以让运营商更好地了解客户的消费模式,并对客户进行分类(如根据客户的当前贡献与潜在贡献,寻找对物流企业最为重要的大客户),从而能针对客户的实际需求,制订相应的营销战略,开发出相应的产品或服务,来更好地满足客户需求。

这也是我们经常谈的"大规模定制"及"一对一营销"模式的核心思想。

5.2.3　客户关系管理的内容

客户关系管理的目的不是对所有与企业发生过关系的客户都一视同仁,而是从这些客户中识别哪些是一般客户,哪些是合适客户,哪些是合适客户中的关键客户。然后依此提供具有针对性地合适服务,从而使企业价值目标与客户价值目标协调。因此客户关系管理首先应当对客户进行识别和管理,支持企业在合适的时间和合适的场合,通过合适的方式,将合适的价格、合适的产品和服务提供给合适的客户。

1)客户识别与管理

(1)客户信息资料的搜集

该项工作主要是搜集、整理和分析谁是企业的客户,客户的基本类型及需求特征和购买行为,并在此基础上分析客户差异对企业利润的影响等问题。

搜集、分析和整理的客户信息有:分辨谁是一般客户、合适客户和关键客户,它是客户关系管理的基础;与合适客户和关键客户建立深入关系;根据客户信息制定客户服务方案,满足客户个性化需求,提高客户价值。

在搜集、整理和分析客户信息时,客户的原始资料是非常重要的,被称为基础性资料,是企业获得的第一手资料也是构成客户信息的基本内容。一般情况下包括以下内容:客户名称、地址、邮政编码、联系人、电话号码、银行账号、使用货币、报价记录、优惠条件、付款条款、税则、付款信用记录、销售限额、交货地、发票寄往地、企业对口销售号码、佣金码、客户类型等。企业应该细致地做好客户原始信息的搜集,搞好客户原始记录。

搜集客户信息的方法主要有:自己搜集、向咨询机构购买、信息交换等。

【想一想】

请同学们想一想我们在实际的工作中应该怎样来区分一般客户、合适客户和关键客户?他们各自有着什么样的特征?针对这些特征,我们又可以提供什么样的具有针对性的服务?

(2)客户信息分析

客户信息分析是客户信息管理的核心部分,它能对客户的信息进行有针对性的、全面的、系统的分析。

对客户信息进行分析时寻找共同点是必要的,它可以帮助企业找准发展方向;但是客户信息分析的关键应该是将我们的客户准确的区分哪些是关键客户,哪些是一般客户,并针对我们的区分结果提供有针对性的服务,使我们的物流客户服务工作更加具有效率。

对客户进行差异化分析的主要内容有:

①准确识别企业的有效客户群;

②客户为企业带来利润在时间上往往体现什么样的规律;

③企业本年度最想和哪些企业建立商业关系;

④有哪些合适客户或关键客户对企业的产品或服务多次提出了抱怨;

⑤去年最大的客户是否在今年也订了不少产品或服务;

⑥是否有些客户从本企业只订购了一两次服务,却会从其他地方订购更多服务。

根据客户对本企业的价值,将客户进行分类。针对不同类型的客户开展不同的服务。

（3）信息的双向流动

企业与客户进行双向信息交流,通过这样的方式及时发现客户服务过程中的问题,正确处理客户的意见和投诉,减少甚至消除一般客户和合适客户的不满情绪,巩固关键客户的客户忠诚度。

【想一想】

同学们,请结合我们身边的生活经验思考一下,企业往往可以通过什么样的方式进行信息的交流与反馈?

（4）服务管理

服务管理的主要内容包括:服务项目的快速录入;服务项目的安排、调度和重新分配;事件的升级;搜索和跟踪与某一业务相关的事件;生成事件报告;服务协议和合同;订单管理与跟踪;问题及其解决方法的数据库。

（5）时间管理

时间管理的主要内容有:日历、设计约会、活动计划;有冲突时,系统会提示;进行事件安排,如约见、会议、电话、电子邮件、传真;备忘录;进行团体事件安排:查看团体中其他人安排,以免发生冲突;把事件的安排通知相关的人;任务表;预告;记事本;电子邮件;传真;配送安排等。

2）服务人员管理

物流客户服务人员如何得以合理招聘,如何进行正规培训,如何细化岗位职责,如何进行成果评价等不是一个企业能单独完全做好的。它们只有被纳入到客户关系管理系统之中,在信息协同共享的情况下才能规范地为客户服务,使客户满意。因此服务人员管理在客户关系管理中占有举足轻重的地位。

3)市场行为管理

在客户关系管理中的市场行为管理主要包括:营销管理,销售管理,响应管理,电子商务,竞争对手管理。其中响应管理的主要内容包括:呼入呼出电话处理,互联网回呼,呼叫中心运行管理,客户投诉管理,客户求助管理,客户交流,报表统计分析,管理分析工具,通过传真电话、电子邮件、打印机等自动进行资料发送,呼入呼出调度管理。

4)合作伙伴关系管理

物流合作伙伴关系管理包括:生产制造商伙伴关系管理和业务外包管理。通过对上述两种伙伴关系的管理,使供应链得以正常的运转,其主要内容包括:对企业数据库信息设置存取权限,合作伙伴通过标准的 Web 浏览器以及密码登录的方式对客户信息、企业数据库、与渠道活动相关的文档进行存取和更新;合作伙伴可以方便地存取与销售渠道有关的销售机会信息;合作伙伴可以通过浏览器使用销售管理工具和销售机会管理工具,如销售方法、销售流程等。

5)信息与系统管理

信息畅通与共享是供应链一体化良性运行的保证,同样也是客户关系管理的保障。其主要内容有:

(1)公开信息管理

在客户关系管理中,信息是共享的,但并不是所有的信息都是公开的。公开信息管理的主要内容包括:电话本;生成电话列表,并把它们与客户、联系人和业务建立关联;把电话号码分配到销售员;记录电话细节,并安排回电;电话营销内容草稿;电话录音,同时给出书写器,客户可做记录;电话统计和报告;自动拨号。

(2)平台管理

平台管理的主要内容包括:系统维护与升级;信息搜集与整理;文档管理;对竞争对手的 Web 站点进行监测,并向使用者和客户进行报告等。

(3)商业智能

商业智能的主要功能包括:预定义查询和报告;客户定制查询和报告;可看到查询和报告的有关代码;以报告或图表的形式查看潜在客户和业务可能带来的收入等。

（4）信息集成管理

信息集成管理就是对零散的信息进行筛选、整理、汇编、编密,然后按照规范程序进行分散和发送,使之与企业其他信息耦合,达到共享。

5.2.4 客户关系管理的实施

物流服务企业实施 CRM 的程序:

1)考量实施客户关系管理的必要性

经营自己的企业并不是追求潮流,我们应该结合本单位实际情况分析我们的单位是不是需要实施 CRM。

对于产品单位价值较低、客户终身价值低、规模小、业务流程简单、供应商不多、下游客户明确的企业来说,应用 CRM 不但成本过高,而且收效可能并不显著。

2)考察实施客户关系管理的物质基础

CRM 是一种工具,作为工具要发挥作用,必须有平台作为支撑。实施 CRM 之前应当对企业的管理水平、运作流程、员工的素质、客户数据库的管理、信息系统结构、客户信息的处理能力等基础条件进行全面的审查。

3)制定实施目标

实施 CRM 是一项长期复杂的系统工程,企业应当在认真研究和反复论证的基础上,制定出长期、中期和短期的阶段性目标。通过目标的制定我们可以明确操作的方向,也可以方便今后的考核工作。

4)梳理业务流程

梳理业务流程是每一个准备实施 CRM 的企业必须要做的。企业应当着重从现有的营销、销售和客户服务体系进行业务流程的分析,找出存在的问题,以便更有针对性地选择需要的技术。

5)结合自身实际设计操作体系

CRM 是一个复杂的操作系统且环环相扣,要使这样的系统能够很好的运转在进行结构设计时,应当充分重视与企业原有的采购、库存、财务等管理系统相契合,实现各系统之间的无缝接口。

6）在企业内实施 CRM

对许多企业来说，实施 CRM 最困难的不是技术，而是来自企业内部方方面面的阻力。企业可以通过宣传沟通、技术培训等手段，统一全体员工的认识，激励他们投入到变革中去。

7）绩效评价

在实施 CRM 的过程中，企业还应当适当地对实施进程和实施效果做出准确的评价，并利用评价结果进行纠偏。为此，完善的信息反馈系统就显得尤为重要了。

5.2.5　课堂案例分析

看 DHL 如何成功应用 CRM

作为一家知名快递公司，DHL（德国邮政全球网络拥有）的网络遍布全球 220 个国家，向各种客户提供他们所需的物流解决方案。

DHL 最早的业务是递送旧金山和夏威夷地区的海运提单。随后慢慢在日本和菲律宾打响了知名度，将公司的物流业务提升到了国际水准。经过多年的发展，DHL 最终成为了全球物流行业的龙头之一。

如今，DHL 在全球 220 个国家设立了 4 400 家分支机构和 120 000 个网点，并配备了高素质的专业人员。在这些分支机构中，有 2/3 是由 DHL 自己管理经营。因此相比那些外包给第三方的同业竞争者，DHL 有显著的优势。在任何国家，只要是 DHL 的业务能抵达的地方，几乎都有分支机构。这帮助 DHL 进一步缩短了运输时间，提高了账单处理的效率，也更容易进行货物及包裹追踪。目前，该公司有超过 400 架飞机来执行快速运输任务，为超过 400 万的客户提供了高效、可靠的服务。除此之外，DHL 也是一个 CRM（客户关系管理）部署成功的企业。

1. DHL 与 CRM

鉴于自己的业务范围，DHL 需要根据其遍布全球的物流网络来选择一套创新的、具有成本效益的 CRM 解决方案，向员工提供一种全面的客户视角，帮助他们了解并满足每一位客户的需求。经过多番比较尝试，再加上来自欧洲和亚洲公司的使用反馈，以及评估了解决方案的成本效益与灵活性，DHL 最终选择了 Salesforce.com 的 CRM 系统作为公司的 CRM 平台。

这套系统的选择为 DHL 在 CRM 方面的长期成功奠定了基础。相比之下，Salesforce.com 的解决方案为 DHL 提供了定制的优势，可以灵活满足客户的需求。而采用其他 CRM 解决方案则要耗费更多的实施时间。在六个月内，Salesforce.com

的解决方案在 DHL 全球公司中同步安装,并顺利集成到了其他现有系统中,确保了数据控制的集中化。Sales force 的 CRM 解决方案让 DHL 进一步缩短了实施时间,专注于客户需求,并持续为 DHL 的全球化经营贡献力量。

2. DHL 的 Partnership CARE 计划

DHL 所推出的 Partnership CARE(customer activation resolution and enhancement—客户激活、确定与增进)计划提供了卓越的客户服务。该计划的主要目标是根据各客户公司的需要来提供适合的解决方案,向那些物流要求复杂的客户提供专家支持,并在整个客户关系周期中持续这一流程。在这套计划中,DHL 的每一支团队都向客户提供了单一的触点来进行相关服务,因此每一名 DHL 客户都能获得最全面的支持。Partnership CARE 计划不仅向 DHL 的客户输送了专业经验,而且还提高了效率、责任、价值与客户满意度。通过这套计划,DHL 可以先评估客户的运输要求,然后制订相应的计划,提出能够满足客户需求的最佳运输服务方式,并确保对客户后续要求做出及时响应,让客户轻松访问 DHL 的运输解决方案。

一直以来,Salesforce 的 CRM 解决方案始终在协助 DHL 贯彻、实现它的目标,也让该公司成为了 CRM 部署的一个成功案例。

[案例思考]

通过阅读该案例,请大家尝试总结 DHL 如何针对本行业的特征展开客户关系管理的?

[提示]

1. 根据鉴别 DHL 选择了 Salesforce.com 的 CRM 系统作为公司的 CRM 平台。

2. DHL 所推出的 Partnership CARE(customer activation resolution and enhancement—客户激活、确定与增进)计划提供了卓越的客户服务。

5.3 物流企业营销管理

5.3.1 物流企业营销的计划

1)物流企业营销计划的含义

物流企业营销计划是指物流企业为物流营销活动目标所制订的一系列对未来营销活动的安排和打算。营销计划包括目标和实现目标的手段两方面的内容。营销计划必须从企业总体经营的战略高度来编制。企业的营销战略明确了企业的任务和目标,目标的实现有赖于一系列营销计划的制订和实施,物流营销计划是物流企业总体计划的一个组成部分,它在企业各项计划的制订和执行过程中起着十分重要的作用。

2)物流企业营销计划的构成要素

(1)物流营销战略计划

一般来说,物流营销战略计划包括以下一些内容:

①时间期限。战略计划是企业的长期计划,年限不等,一般为3年以上。

②环境分析。包括物流市场发展趋势、技术发展、竞争者的发展状况等,特别要分析环境中的机遇和威胁。

③公司本身分析。包括人才结构、产品结构、资本结构和市场竞争力等,特别要分析企业自身的优势和劣势。

④拟定目标。行之有效的目标要能够以市场为导向,具有必要的方针措施,要有可行性和挑战性。

⑤制订具体战略。包括公司增长战略、产品战略和市场战略等。

(2)物流营销作业计划

物流营销作业计划是实现战略计划的具体步骤,主要内容有以下几个方面:

①计划概要。计划书一开始,便应对本计划的主要目标及执行方法和措施作扼要的概述,要求高度概括、用词准确、表达充分。这部分的主要目的是让高层主管很快掌握了解计划的核心内容,并据以检查、研究和初步评价计划的优劣。

②当前物流企业营销状况。营销状况是正式计划中的第一个主要部分。这个部分是提供有关市场、产品、竞争、分销以及宏观环境方面的有关背景资料。内容包括:

A.市场形势。主要提供的是目标市场的数据。如物流市场的规模、营业增长率、各细分市场的营业额,以及客户的需求状况、观念和购买行为的趋势。

B.产品状况。对物流而言是每种物流服务形式的营业额、价格、边际收益以及净利润。

C.竞争状况。明确主要的竞争对手,并就它们的规模、目标、市场份额、服务质量、营销战略,以及其他能帮助了解它们的意图与行为的特征加以阐述。

D.分销状况。主要提供有关各分销渠道规模与重要性的数据。如各分销渠道的近期营业额及发展趋势等。

E.宏观环境形势。主要包括与营销前景有某种联系的客观环境的主要趋势。如法律因素、经济因素、技术因素等的发展趋势。

（3）威胁与机会

要求营销管理人员对产品的威胁和机会做出预测，并加以具体描述。这样做的目的是使企业管理人员可预见到那些将影响企业兴衰的重大事态的发展变化，以便采取相应的营销手段或策略，趋吉避凶，求得更顺畅的发展。为此，营销管理人员应尽可能列出可以想象出来的市场机会和威胁，以便加以分析检验，并考虑采取哪些具体行动。

（4）营销目标

在分析了产品和服务的威胁及机会之后，接着便应确定企业的目标，并应对影响这些目标的某些问题加以考虑和论证。已经确定的企业目标，还要进一步用具体的指标表现出来。一般有两类目标要确定：一是财务目标，每个物流企业都有一定的财务目标，如确定长期投资收益率或年利润收益等；二是营销目标，财务目标必须转化为营销目标，可以运用量—本—利分析法去揭示如何通过营销目标实现企业的财务目标。

（5）营销战略

就是物流企业为达到营销目标所采用的物流企业营销策略，主要包括目标市场、营销因素组合、营销费用等各种具体策略。

①目标市场。在营销战略中应首先明确企业的目标市场，找到正确为之服务的对象，并要了解细分市场的特征、机会以及所对应的相关策略。

②营销因素组合。就是在计划中有关营销因素组合的各种具体策略，如产品策略、价格策略、分销策略和促销策略等，并说明策略运用理由。

③营销费用。确定科学的营销费用去满足营销策略的费用预算，费用的高低同营业额应成正比，但不同的产品是存在差异的。

（6）行动方案

营销战略为实现营销目标指明了需要运用的主要营销策略。而营销策略还必须转化成具体的行动方案。一个行动方案主要内容包括：将要完成什么任务，什么时候去完成，由谁负责完成，完成这些任务的成本是多少？以上的每项活动都需要列出详细的行动方案，以便于执行和检查，使行动方案循序渐进地执行。

（7）预计损益表

预计损益表是说明计划所预期的财务收支情况，收入方将列入预计营业服务的数量和平均价格，支出方列出物流费用、储存费用及其他营销费用。收支间的差额为预计的利润（或亏损）。企业的高层主管将核查预算，并评价和修正预算。预算一经批准，便成为制订计划、原料采购、生产安排、人员招聘和营销业务活动的依据。

（8）控制

计划的最后一部分为控制。用此来监督检查整个计划进度。目标和预算都应该按月或季度分别制订,这样,企业高层主管就可以审查每一时期企业各部门的成绩,并及时发现未完成目标的业务,督促未完成任务的部门改进工作,确保营销计划的实现。

3）制订营销计划的程序

（1）营销状况、机会和问题分析

①企业营销现状分析。这是指分析过去几年到目前企业的销售、利润、成本和费用、市场占有率等重要指标的变动情况,通过这一部分反映企业营销的基本现状。

②环境分析。环境分析即分析营销环境中的各项要素的变化情况。例如环境分析中的竞争情况分析,有多少竞争对手,采取了哪些策略。总的来说,环境分析的目的就是要对环境中存在的机会和威胁做到心中有数,以便提前计划,趋利避害。

③企业实力分析。这一般是和环境分析密切联系的。即分析本企业在目前的环境条件下有哪些优势和弱点,以便找出需要改善的方面,发挥企业优势。

④未来趋势分析。这是对正常情况下市场需求和企业销售等发展趋势的预测。这里的正常情况主要是指营销环境和企业自身情况没有大的、重要的变动。

（2）确定企业营销目标

在上述情况分析的基础上,确定在计划期内物流企业营销活动的目标。一般应尽量具体化和数量化,设立一套具体的指标体系。通常大的方面应包括企业的投资收益、销售总额（量）、利润额（率）、市场占有率和销售增长率等。各部门计划和各专项计划均应以此目标体系为基础制订次级目标和阶段目标。

（3）制订营销策略和行动方案

①营销策略。营销策略偏重于从总体上考虑采取何种方法达到预定的目标。例如,为达到市场占有率提高5%的目标,决定采取市场渗透和产品开发双重策略,即一方面在现有市场上通过改善推广活动,扩大销售;另一方面,通过开发新产品进入新的细分市场,提高市场占有率。

②行动方案。行动方案是指营销策略的具体行动计划,它包括实际行动的具体步骤和各阶段的具体任务。例如,产品开发策略就需具体部署,开发几个新产

品,由哪一部门具体负责,分几个阶段完成,何时进入市场等。

（4）确定和分析营销预算

这是具体的财务计划。在上述目标、策略和行动方案基础上,编制企业营销预算。预算应规定企业收入和支出总额,并应具体分配到各部门和各个行动阶段,以期能收到好的经济效益。

（5）落实控制和检查的具体措施

任何好的计划如果没有控制和检查的具体措施,那么其最后效果是可想而知的。所以,应制订控制和检查的指标、步骤和奖惩措施等,以便计划执行者有所依据。

4）编制营销预算

（1）营销预算的含义

营销预算是指企业投入物流企业营销活动的资金使用计划,是物流企业综合预算的重要内容。它包括营销期内物流企业从事营销活动所需的经费总额、使用范围和方法,是企业营销方案实施的保证。物流企业如何科学地编制营销预算,是物流企业营销计划的重要内容。

（2）影响营销预算的因素

物流营销预算主要受产品因素、竞争因素、策略因素及其他因素的影响。

①产品因素。主要表现在产品特点和产品生命周期两个方面:

A.产品特点方面。不同的产品,其营销费用的投入有很大差别,有的产品需要大量投入营销费用,才能产生效果;有的产品却不需要高投入便可获得较稳定的利润。对于物流行业来说,由于正处于发展时期,确实需要加大营销费用的投入,只有这样,其物流理念、物流特点和物流优势才能得到大众的认可。因此,对于物流营销预算,物流企业必须高度重视。

B.产品生命周期方面。根据产品生命周期理论,处于不同的生命周期,营销投入会有不同的需要。物流服务的营销费用在投入期和成长期需要较高的预算,才能拓展和巩固市场。

②竞争因素。市场竞争状况会影响企业的预算,主要从两个方面考虑:

A.竞争激烈程度。竞争的激烈程度越高,通常要求企业投入的营销费用越高。对于物流企业来说,目前处于低水平竞争上,但是营销费用的投入要求也较高。而且,物流行业的快速发展,要求物流企业的单位营销费用要不断提高。

B.行业预算水平。主要考虑行业本身的竞争者状况,企业的营销费用要根据对手的营销费用投入而进行策略性的调整。

③策略因素。主要考察营销策略对营销费用预算的影响。其中包括以下几方面：

A.经过精心策划的营销活动,其营销费用投入相对较少。一个现代物流企业,对营销的策划应该作出科学的安排,这样才能提高营销费用的有效性,而减少不必要的浪费。

B.经过系统策划的营销费用,也会投入较少。用系统的眼光去运作企业,去运作产品,会得到企业或产品的最优组合,营销费用也会相对减少;同时可以发挥综合叠加效应,而物流企业对系统观的运用程度又显得更为重要和强烈。

C.精确的营销策划,会减少营销费用。现代物流企业需要完善的营销策划,将恰当的理念,推向恰当的市场,会得到事半功倍的效果。因此,物流企业在现代的市场条件下应精心设计营销策划。

④不可控的其他因素。主要是针对影响营销预算时的因素,为了能够使计划完善,很重要的是预算内容的确定。

（3）营销预算的内容

营销预算主要有固定费用和变动费用。

①固定费用。固定费用是指与营业额变化无直接联系的费用,主要包括:

A.劳务费。物流企业营销人员的工资和有关营销的其他劳务费用,可参考过去总额来定。

B.折旧费。与营业有关的固定资产的折旧,视固定资产总值和折旧率而定。

C.其他费用。直接用于营销服务过程的相对固定的费用,如差旅费等,可参照企业过去费用而定。

②变动费用。变动费用是指随着营业额的变化而变动的费用,主要包括:

A.营业条件费。指要保证一定的营销服务条件所需要支付的费用,它与营业额的变化是成正比的关系。

B.扩大销售费。指因产品营销服务扩大(如增加运输线路、增加停靠地点等)而相应增加的销售费用。

C.材料费。指因营业额增加而多消耗的材料的费用。

D.促销费。指在运作具体的营销策略、推动物流产品销售过程中所产生的费用。

（4）营销预算的方法

编制营销预算,不仅要分析影响因素,还必须采用正确的方法。营销预算编制的方法有销售百分比法、竞争均势法、目标任务法。

①销售百分比法。销售百分比法是按物流企业一定时期内营业额的一定比率估算出营销费用总额的方法。运用该方法时，应注意营销预算要富有弹性。

②竞争均势法。是指根据竞争对手的营销费用开支来确定本企业营销预算的方法。运用此法要做到"知己知彼"，要切实了解竞争对手的重要指标，并根据彼此的比较状况，确定自己采取何种营销预算。

③目标任务法。就是将营销目标分解成具体的任务，再计算出完成这些任务所需投入的资金，作为实施营销方案的费用预算。目标任务法是较为科学的一种营销预算方法，在运算时，要注意市场和产品的调研，保证数据的准确。

将物流企业的营销计划转化成为物流企业营销业绩，首先要执行营销计划。与营销计划的实施相关的内容有以下4项：

A.制订行动方案。为了有效实施物流企业营销计划，物流企业营销部门及相关人员需要制订详细的行动方案。方案必须明确计划中的关键性环境、措施和任务，并将任务和责任分配到个人或团队，方案还应对计划执行的时间等做出明确规定。

B.调整组织结构。实施计划过程中，组织结构起着决定性的作用。组织结构应当与计划的任务相一致，同企业自身的特点、环境相适应。

C.形成规章制度。为了明确营销计划的责任和保证实施效果，必须设计相应的规章制度。在制度中，必须规定与计划相关的各种环节、岗位、人员的责任与奖惩条件等。

D.协调各种关系。在实施营销战略和计划时，行动方案和组织结构以及规章制度等因素必须协调一致，相互配合。

5.3.2　物流企业营销的组织

物流企业营销组织是指物流企业营销管理人员系统组合、协同行动的结合体，是企业实现其经营目标的核心职能部门，是保证营销计划有效实施的重要手段。

1)建立营销组织的原则

①目标原则，就是营销组织机构的设置与规模要同承担的任务与规定达到的目标相一致。

②责权利相统一的原则，这一原则能促使营销组织积极、主动、有效的完成各项任务。

③统一领导原则，强调机构要实行统一领导，必须是一个统一的有机整体。

④精简原则，强调组织机构设置要齐备，要精简，职能划分得当，层次合理，运作流畅。

⑤灵活性原则,营销组织应具有一定的灵活性、权变性,能够使得企业迅速捕捉到有利的市场机会,求得更大发展。

⑥效率原则,营销组织的设置要求达到运转灵活,善于把握机会,效率高。

2)影响营销组织模式的因素

物流企业营销组织是为了实现企业目标,实施营销计划,面向市场、面向客户的职能机构,是企业内部联系其他部门,是企业经营一体化的核心。营销组织的模式和运行程序,最重要的就是要适应市场环境的变化而不间断的进行调整,在进行调整过程中要注意以下3个方面的因素:

(1)宏观环境和国家经济体制

采取什么样的组织模式,一定要与国家宏观经济环境相适应;而国家经济体制制约着企业的组织模式,必须依据经济体制的特点建立相应的企业组织模式,这就决定了营销组织模式的建立方式。

(2)企业的营销观念

不同的营销观念会产生出不同的理念与营销组织模式,处于某阶段营销观念下的物流企业,其营销组织模式也要与之相适应。

(3)企业自身所处的发展阶段、经营范围和业务特点

企业营销组织模式要与企业自身发展阶段相一致,组织模式决定于企业现状。同时,经营范围的广度和深度也要求产生与之相适应的体制,而业务特点更决定了企业营销的组织模式类型。

除此之外,还应考虑企业规模、产品特性、市场特点和人员素质等方面因素的影响。

3)物流企业营销组织模式

随着市场情况的变化与发展,营销部门组织模式也在不断演化、进步。但是总体来说,所有的营销组织都必须与职能的、地域的、产品的和市场的基本营销活动相适应。与其他类型的企业一样,物流企业的营销组织模式也有如下几种基本的组织模式:

(1)职能式组织模式

这是传统的、较为普遍的营销组织形式。它是根据营销组织需要完成的工作或者职能来设立的组织机构,属于直线职能制。它根据职能设立部门,各部门的经理通常由专家来担任,直接对营销副总经理报告。如图5.1所示。

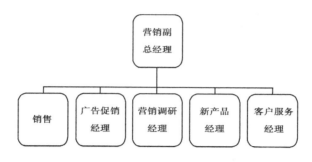

图 5.1　职能式组织模式

这种模式的主要优点是层次简化、分工明确、管理集中度高,可以大大简化行政管理。但是,随着产品的增多和市场的扩大,弱点也会逐步显现,失去其有效性。

（2）地区式组织模式

这是根据企业用户的发布区域设置营销组织模式的形式。一般适用于规模较大,市场分布区域广的企业,就是将销售人员按照地域划分,层层负责,这种形式比较符合物流企业,与物流企业的特点较为相符,如图 5.2 所示。物流企业的网点往往比较分散,连接又较为紧密,需要一套自上而下的流畅机构。这种层层控制的模式可以有效的监督下级销售部门完成任务的情况,提高销售工作的经济效益。这种模式可以因地制宜发展,也可以与其他类型的组织结合。该模式结构简单、分工明确,便于考核营销人员的业绩,但是存在费用高、机构分散、各布点不宜协调的缺点。

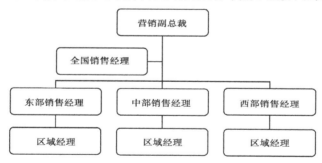

图 5.2　地区式组织模式

（3）产品式组织模式

这是按照产品或者产品系列划分物流企业的营销组织结构。如图 5.3 所示。适宜于产品差异,品种数量都很大的企业,一般是指定专人负责某项产品或者某一品牌产品的综合营销活动。产品式组织模式需要建立产品经销经理制度,即设置产品专职经理来负责这一类产品的综合营销管理活动,也可以继续自上而下设立几个产品大类经理和几个品牌经理,但是要制订切实可行的策略和计划,并监督和执行。

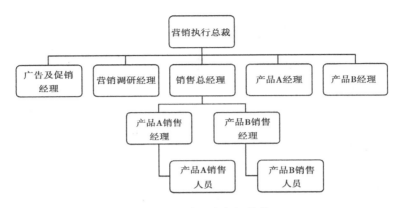

图 5.3 产品式组织模式

产品经理的任务是制订产品的长期发展战略;制订产品年度销售计划和销售预测;采取相应措施实施计划,包括激励机制、销售鼓励和协调能力等;时刻关注市场环境变化,运用市场调研方法去了解新情况、新问题和存在的不足,以便抓住机会,改革产品满足市场需求。

这种模式的优点是可以协调开发产品市场的各个方面力量,并对市场变化作出快速反应;专人负责,兼顾周全,专业打造并加速能力的培养。缺点在于由于经理权利有限,必须依靠其他部门的合作;工作范围有限,不利于综合能力的提高。另外,其局限性始终存在,费用高、连续性较差。

(4)市场式组织模式

这是指由专人负责管理不同市场的营销业务,企业按照产品的不同销售市场设置营销机构。如图5.4所示。当客户可以按照购买行为或者产品偏好分门别类时,就应该运用市场式组织模式。对于物流企业,这种组织模式也比较适合。市场式组织模式的优点是便于全面了解客户需要,并及时组织目标市场紧俏产品的营销活动;同时,也有利于培养新客户,扩大市场的覆盖面。缺点与产品式组织类似。

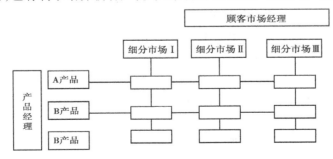

图 5.4 市场式组织模式

5.3.3 物流企业营销的控制

物流企业通过制订营销计划,确定了企业在市场中的营销活动目标及达到目标的策略;通过组织结构的设计和选择,确定了权力和分工。为了监督和指导营销策略的实施过程,保证营销目标的实现,企业还应对物流市场营销活动进行有效的控制。营销控制就是指对营销计划执行过程的监督和评估,纠正计划执行过程中的偏差,旨在保证既定营销目标的实现。在物流市场营销中,控制程度一般取决于企业分权管理的状况。如果企业采取了高度分权化的管理方法,那么公司总部对各个物流职能部门进行严格控制的必要性就不大,但各职能部门本身对其下属的控制就变得比较重要了。反之,如果企业采取的是高度集权化的管理方法,则物流公司总部就有必要而且有可能对各个职能部门的营销活动进行严密的控制。

小资料

企业管理的集权制是指企业管理的权力集中在较高的管理层,实现指挥的高度统一,下层没有决策权。在企业管理中,集权这种形式看上去类似专制型企业领导风格,人们对其异议颇多,但它有利于企业集团发挥整体资源的整合优势,提高整体资源的利用效率。

完全的分权制是另一种极端的管理体制,是把企业管理的权力尽可能地分散在下级管理层,以最大限度地发挥分级管理的优势。

1)物流企业营销控制的步骤

物流企业营销的控制过程主要分为 3 个步骤:一是明确标准;二是绩效评估;三是纠正偏差。明确标准,就是要向所有执行计划的人员明确对其工作进行衡量和评估的标准。一般来说,营销工作好坏的标准就是指营销目标的完成情况,而这些目标和完成目标的总的策略一般都在企业营销计划中有所规定。企业营销控制人员应向所有执行计划的人员明确他们所担负的责任和应该达到的目标。绩效评估,就是根据已明确的控制标准对计划执行人员的工作进行检查和评估。

2)影响物流企业营销控制的因素

由于不同企业的条件和所处的环境不同,因此采取的物流市场营销控制手段也不完全相同。一般说来,影响物流企业营销控制的因素包括以下几个:

（1）标准化的控制制度

国内营销控制方法大多数国际化经营的企业都是首先在本国市场上取得成功后开始开拓国际市场的,在物流市场营销控制中,这些企业便继续沿用那些在国内物流企业营销中已被证明为行之有效的控制方法。现在许多物流企业已经在传统的国内营销控制方法的基础上建立起了一整套标准化的控制制度,用以控制企业在全球范围内的经营和销售。物流企业的公司总部要求自己的分公司定期提交标准格式的有关经营状况的报告,如果国外子公司的规模较小,则定期报告的内容可以简略,报告的周期可以缩短。这种标准化的报告控制制度有利于物流企业在全球范围内比较各子公司的经营状况,有利于物流企业人才和信息在全公司内的流动。

（2）交通和通讯系统

影响物流市场营销控制的另一个主要因素是交通和通讯设施的发展水平。一个世纪以前,由于交通和通讯设施很不发达,企业不得不采取高度分权化的管理。今天,交通和通讯手段已经得到了飞跃的发展,除了陆上交通和海上交通外,飞行已经成为主要的远距离交通手段。这使得物流企业总部的管理人员能定期和国内的各个分公司管理人员进行面对面的商谈,电话、电传、传真和网上联络等电子通讯手段使公司总部和国内分公司能保持不间断的接触。发达的现代交通和通讯系统使物流企业加强物流市场营销控制成为可能。

（3）母公司和子公司间的距离

在其他条件都一样的情况下,母公司和子公司间的距离越大,母公司对子公司的控制就越小,子公司享受的自主权也就越大。这是因为遥远的距离不仅增加了差旅费用和使用电话、电传和其他电讯设备的费用,而且也可能延误决策的时间,因此,随着子公司与母公司距离的增大,母公司对子公司的授权范围也会增加。

【做一做】

一、经典案例阅读

6件武器帮哈尔滨市邮政局赢得"芳心"

黑龙江省哈尔滨市邮政局于2006年7月开发了江中集团的药品仓储集散分拨运输配送一体化业务,由此拉开了江中经销商物流一体化业务发展的帷幕。让我们看看哈尔滨市邮政局是如何取得江中制药的"芳心"的。

在对江中药业的业务开发中,哈尔滨市邮政局亮出了威力强大的六件"武器"，循序渐进，步步为营，最终赢得了客户的"芳心"。

第一件武器是《邮政物流一体化业务需求征集函》。哈尔滨局首先对江中药业的公司基本信息、现有物流配送基本情况、物流操作具体事项、财务结算、信息反馈要求、代收货款、其他物流业务需求等重点情况进行了细致的调查，为建立有效的大用户档案和物流方案设计做足了准备工作。这件武器充分展示了邮政的调研能力和合作诚意，表达了对客户的尊重和了解。

第二件武器是《黑龙江省哈尔滨市邮政局物流大客户信息资料明细表》。他们将采集到的江中药业有关信息进行了分析整理和建档，做好了屡败屡战、直至成功的准备，坚定了开发用户的信心。

第三件武器是《江中药业邮政物流解决方案》。他们根据江中药业的实际情况，详细陈述了双方的企业背景、对甲方物流需求的理解、共同的发展与合作的基础、邮政经销商一体化物流实施过程、与邮政合作的优势分析和前景展望等内容，就江中药业所关心的物流问题给出了操作性极强的答案，充分体现了邮政物流的服务特色。

第四件武器是一封《邀请函》。哈尔滨局及时而恳切地邀请江中药业负责人北上哈尔滨进行实地考察，体现了邮政物流经营工作的积极主动性。

第五件武器是一个符合 GMP 要求的仓库以及与药品仓储配送一体化业务相关的计算机设备、网络连接、货物管理、进出口操作等设施。

第六件武器就是全心全意地服务。哈尔滨局以双赢互利为指导思想，以优质的个性化服务让用户感觉到邮政的合作诚意，努力维护客户关系。

这六件武器"出招"后，果然引起了对方的反响。2006 年 7 月 31 日，江中集团代表抵达哈尔滨市考察邮政物流，当日就达成了合作意向，并于当晚 8 点完成了江中药品由全程物流仓库向邮政物流仓库的移仓，实现了邮政物流部门向制造企业派驻本省销售机构为客户的目标。

按照"仓储 + 配送"的核心服务模式，哈尔滨局于 7 月 31 日将江中集团当日库存药品盘点后，由全程物流中转库转仓至邮政物流仓库，为客户提供省内运输配送、仓储管理、包装理货、流通加工、信息管理、退货处理、代收货款等服务的省内一体化物流业务。

[案例思考]
上述案例是一个完整真实的关于物流营销如何服务客户的案例。请同学们结合这个案例思考一下，为什么哈尔滨市邮政局能在物流营销中取得如此大的成功？秘诀是什么呢？

二、实训活动

◎内容

物流企业营销活动模拟练习。

◎目的

通过全额角色扮演的方式,将全班分成不同的物流营销职能部门,让学生在假设的营销环境下,懂得如何规范地进行物流营销活动;并学会简单的处理物流营销活动中由于操作步骤不规范带来的负面影响。

◎人员

1.实训指导:任课老师。

2.实训编组:学生按 8～10 人分成若干组,每组选组长及记录员各一人。

◎时间

4～8 学时。

◎步骤

1.由授课教师将学生分为 6 组,分别扮演:某运输公司的营销副总经理、销售广告促销经理、营销调研经理、新产品经理、顾客服务经理。

2.让同学们协调合作,通过所学习的营销顺序和规则合力做出一份运输营销推广计划,为运输公司上层管理人员提供工作参考。

3.分组做好本组的营销计划、实施及结果,并作好记录。

4.撰写调查文档。

5.实训小结。

◎要求

学生在完成该实训的过程中首先应该掌握营销计划制作的流程以及需要的相关资料,并依据流程逐一地在各个物流部门中完善自己的推广计划。当出现问题不能正常完成计划时,教师应该和学生共同研究,查找问题的来源。通过完成这样的一次模拟练习,学生能较好的掌握营销的流程,切身体会到营销规范的重要性。

◎认识

作为未来物流企业员工,懂得如何做好市场细分和市场定位显得尤为重要,在以后的工作中能够采用规范的营销方法合理市场细分、准确市场定位,对做好本职工作是很有帮助的。

【任务回顾】

通过对本章的学习,使我们初步掌握了物流企业营销的计划和组织的概念;理解了物流客户关系管理的含义和层次;知道了物流客户的含义;并在经营管理过程中感悟物流企业树立起营销的控制的观念。

【名词速查】

1.物流客户服务

物流客户服务是指物流企业为促进其产品或服务的销售,发生在客户与物流企业之间的活动。

2.客户关系管理

客户关系管理是指企业为提高核心竞争力,达到竞争取胜、快速成长的目的,树立以客户为中心的发展战略,并在此基础上开展的包括判断、选择、争取、发展和保持客户所需实施的全部商业过程。

3.物流企业营销计划

物流企业营销计划是指物流企业为物流营销活动目标所制订的一系列对未来营销活动的安排和打算。

4.营销预算

营销预算是指企业投入物流企业营销活动的资金使用计划,是物流企业综合预算的重要内容。

5.物流企业营销组织

物流企业营销组织是指物流企业营销管理人员系统组合、协同行动的结合体,是企业实现其经营目标的核心职能部门,是保证营销计划有效实施的重要手段。

【任务检测】

一、单选题

1.( )是指物流企业为促进其产品或服务的销售,发生在客户与物流企业之间的活动。

　　A.物流营销服务　　B.物流客户服务　　C.物流配送服务　　D.装卸搬运

2.物流客户服务是驱动( )物流的动力,也是整个物流体系设计和运作的必要组成部分。

　　A.销售链　　　　　B.生产链　　　　　C.供应链　　　　　D.加工链

3.(　　)是物流客户服务的重要方式和途径。

　　A.个别化服务　　B.集体化服务　　C.差异化服务　　D.规模化服务

4.(　　)是客户信息管理的核心部分,它能对客户的信息进行有针对性的全面、系统的分析。

　　A.客户信息总结　　　　　　　　B.物流信息收集

　　C.客户信息收集　　　　　　　　D.客户信息分析

5.(　　)是指物流企业为物流营销活动目标所制订的一系列对未来营销活动的安排和打算。

　　A.物流客户营销计划　　　　　　B.物流企业营销计划

　　C.物流企业推销计划　　　　　　D.物流企业销售计划

6.物流营销预算主要受(　　)、竞争因素、策略因素及其他因素的影响。

　　A.产品因素　　　　B.服务因素　　　　C.客户因素　　　　D.成本因素

7.(　　)是物流企业营销管理人员系统组合、协同行动的结合体,是企业实现其经营目标的核心职能部门,是保证营销计划有效实施的重要手段。

　　A.物流企业营销组织　　　　　　B.物流企业推销组织

　　C.物流企业销售组织　　　　　　D.物流企业推广组织

8.物流企业的客户信息收集和反馈系统在收集、记录客户反馈的同时,还应能够及时地(　　)客户的反馈意见。

　　A.分类　　　　　　B.汇总　　　　　　C.分析　　　　　　D.分类、汇总

二、多选题

1.物流客户服务是为了满足客户需求所进行的一项特殊工作,并且是典型的客户服务活动。其内容包括:(　　)。

　　A.订单处理　　　　B.技术培训　　　　C.处理客户投诉　　D.服务咨询

2.物流系统对物流客户信息质量的要求表现在以下哪几个方面?(　　)

　　A.信息充足　　　　B.信息准确　　　　C.通信顺畅　　　　D.信息完整

3.CRM可以分为:(　　)。

　　A.渠道层次的CRM　　　　　　　B.操作层次的CRM

　　C.分析层次的CRM　　　　　　　D.参考层次的CRM

4.以下的选项中哪些属于搜集、分析和整理的客户信息内容(　　)。

　　A.分辨谁是一般客户、合适客户和关键客户,它是客户关系管理的基础

　　B.与合适客户和关键客户建立深入关系

　　C.与关键客户和一般客户建立深入的关系

　　D.根据客户信息制定客户服务方案,满足客户个性化需求,提高客户价值

5. 以下哪些是物流企业营销计划的构成要素( )。

    A. 物流营销战略计划   B. 物流营销作业计划

    C. 行动方案   D. 操作方案

6. 物流客户信息收集的原则:( )

    A. 针对性

    B. 系统性和连续性

    C. 信息收集过程的管理工作具有计划性

    D. 完整性和模式化

7. 以下哪些是服务管理的主要内容:( )

    A. 服务项目的快速录入

    B. 服务项目的安排、调度和重新分配

    C. 事件的升级

    D. 搜索和跟踪与某一业务相关的事件

8. 以下哪些属于建立营销组织的原则:( )

    A. 目标原则   B. 责权利相统一的原则

    C. 统一领导原则   D. 精简原则

三、判断题

1. ( )服务人员管理在客户关系管理中占有举足轻重的地位。

2. ( )信息畅通与共享是供应链一体化良性运行的保证,但却不是客户关系管理的保障。

3. ( )实施 CRM 是一项长期复杂的系统工程,企业应当在认真研究和反复论证的基础上,只需要制定出长期阶段性目标。

4. ( )营销预算编制的方法有销售百分比法、竞争均势法、目标任务法。

5. ( )物流企业营销的控制过程主要分为 3 个步骤:一是明确标准;二是绩效评估;三是纠正偏差。

6. ( )随着网络的发展,企业间的竞争已淡化了地域的限制,其竞争的中心是物流服务竞争。

7. ( )客户服务是物流企业功能的一部分。

8. ( )信息的整理信息流运行的起点,信息的质量决定着信息时效价值的大小,是信息系统运行的基础。

四、思考题

1. 物流服务企业实施 CRM 的程序是什么?

2. 建立营销组织的原则有哪些?

3. 影响营销组织模式的因素有哪些?

参 考 文 献

[1]乔志强,冯夕文.物流管理概论[M].北京:经济科学出版社,2007.

[2]陈向红.物流市场营销[M].重庆:重庆大学出版社,2007.

[3]曲建科.物流市场营销[M].北京:电子工业出版社,2007.

[4]杨穗萍.物流营销实务[M].北京:中国物资出版社,2006.

[5]董千里.物流市场营销学[M].北京:电子工业出版社,2005.

[6]詹春燕.物流营销基础与实务[M].北京:机械工业出版社,2008.

[7]张先云.市场营销学[M].北京:机械工业出版社,2001.

[8]杨如顺.市场营销案例[M].北京:中国商业出版社,2002.

[9]张岩松.市场营销案例精选精析[M].北京:经济管理出版社,2003.

[10]冯金祥.市场营销实务[M].北京:高等教育出版社,2008.